Peter Möltgen
Bottom Brass

Peter Möltgen

BOTTOM BRASS

Die Tuba im Jazz: Geschichte, Persönlichkeiten, Aufnahmen

Bibliografische Information der Deutschen Nationalbibliothek: Die Deutsche Nationalbibliothek verzeichnet diese Publikation in der Deutschen Nationalbibliografie; detaillierte bibliografische Daten sind im Internet über http://dnb.dnb.de abrufbar.

Verlag: BoD · Books on Demand GmbH, In de Tarpen 42, 22848 Norderstedt

Druck: Libri Plureos GmbH, Friedensallee 273, 22763 Hamburg

ISBN: 978-3-7597-5977-1

Inhaltsverzeichnis

I

III

1 Vorbemerkung

Soll ich hier damit beginnen, dass ich dieses Buch auf dem Markt gesucht und nirgends gefunden habe und dass ich es deswegen selbst schreiben musste? Jetzt habe ich es schon getan, denn mit meinem Wunsch nach einer Monographie über die Tuba im Jazz verkörpere ich doch genau die Zielgruppen, an die sich das Buch richtet.

Da wären zunächst einmal Jazzfans aller Stilrichtungen und gerade auch solche, die glauben, schon alles zu kennen. Meine Erfahrung beim Recherchieren lehrt, dass die Fokussierung auf einen etwas ungewöhnlichen Forschungsschwerpunkt den Blick auf bislang ungehobene Schätze lenkt. Dabei fand ich nicht nur unbekannte, aber ausgezeichnete Tubisten[1], sondern in deren Umfeld auch andere Musiker, die eher als Geheimtipps kursieren. Als Beispiele seien die Namen Jabbo Smith, Doctor Clayton, Gil Melle und Horace Tapscott genannt.

Musiker*innen, die Tuba spielen und sich für den Jazz interessieren, oder auch bereits auf anderen Instrumenten Jazz spielen und zur Tuba wechseln wollen, werden ebenfalls Gewinn von diesem Buch haben. Stilistische Vorbilder sind wichtig; sie vermitteln uns das Gefühl, auch mit einem unüblicheren Instrument bereits in einer Tradition zu stehen und nicht allein zu sein. Außerdem helfen Vorbilder bei der eigenen Stilfindung: „So will ich auch spielen", oder: „Das würde ich ganz anders machen", oder: „Der ist ein Vorbild, aber ich füge noch etwas hinzu." Vielleicht wird die Erkenntnis, dass es in allen Stilepochen grandiose Spieler gibt, den einen oder die andere inspirieren und motivieren, sich weiterzuentwickeln. Die praktischen Tipps in Kapitel 11 können dazu Anstöße geben.

Schließlich gibt es als Zielgruppe diejenigen, die ein Ensemble leiten oder dafür schreiben, sei es, dass sie bereits eine Tuba in der Band haben, sei

---

[1] Ich bin sicher, dass ich in der nächsten Auflage Grund haben werde, das Gendersternchen zu verwenden. Die vielversprechenden jungen Tubistinnen, die es wirklich gibt, werden genauso wie die Vertreterinnen anderer Instrumente und die Komponistinnen und Bigband-Leaderinnen ihr Ding machen, worauf ich gespannt bin und mich freue.

es, dass sie nach neuen Klangfarben suchen. Auch hier können die verschiedenen Hörbeispiele Anregungen bieten.

Der größte Teil dieses Buches besteht in einem jazzhistorischen Abriss über die Geschichte des Instrumentes, seine Einsatzweise und seine Vertreter. Dabei soll vor allem auf besonders charakteristische Aufnahmen der einzelnen Tubisten eingegangen werden. Nach der Systematik der Gliederung sollen möglichst zeitgleich agierende oder stilistisch verwandte Musiker nebeneinander erwähnt werden.

Die Gretchenfrage lautet nun: Wann ist ein Musiker ein Jazztubist und damit wert, in diesem Buch besprochen zu werden? Unter „Tuba" möchte ich hier die Instrumente der Bass- und Kontrabasslage, also von der F-Tuba abwärts verstanden wissen. Natürlich nennen manche das Euphonium „Tenortuba" und es spielt auch eine Rolle in klassischen Tubaquartetten. Im Jazz ist es aber doch eher eine Alternative zur (Ventil-)Posaune und damit schon kein wirkliches Ausnahmeinstrument mehr.[2]

Der Musikertypus, der uns hier interessiert, ist vor allem der Tubist, der sich als improvisierender Jazzsolist oder -bassist profiliert hat, nicht jedoch der Studiomusiker oder Alleskönner, der vielleicht gelegentlich mal gezeigt hat, dass er auch Jazz kann. Nachdem dieses Buch sich, wie erwähnt, auch an die Zielgruppe der Bandleader und Arrangeure richtet, sollen aber diejenigen Erwähnung finden, die – auch als Nichtsolisten – an wichtigen Aufnahmen der Jazzgeschichte beteiligt waren und deren Sound durch ihr Tubaspiel maßgeblich geprägt haben. Dabei soll die Länge der Kapitel oder Abschnitte, die den einzelnen Musikern gewidmet sind, keinesfalls qualitativ etwas über deren Bedeutung aussagen, sondern eher quantitativ über die Zahl ihrer verfügbaren Jazzaufnahmen. Wenn dabei das Kapitel über Ray Draper überproportional lang geworden ist, liegt das daran, dass dieser Musiker die Probleme, denen sich die Tuba im modernen Jazz stellen muss, gewissermaßen personifiziert, und überhaupt an der rätselhaften Faszination, die von seiner Biographie ausgeht.

Schwierig bleibt auch die Frage, wann ein Künstler oder Ensemble noch dem Jazz zuzurechnen ist. Zu dieser Problemzone gehören zunächst die modernen Brass Bands aus New Orleans, die von Diskographen und

---

[2] Vor allem gibt es über die Spieler von Euphonium, Tenorhorn, Ventilposaune und Bass-trompete schon das Kapitel „Valves" in Dietrich S. 313ff.

Journalisten oft als Rhythm&Blues eingeordnet werden, und vor allem deren Epigonen in aller Welt, die mehr Pop-Repertoire spielen, aber doch Arrangement- und Improvisationstechniken des Jazz verwenden. Im Bereich der Brass Bands muss natürlich Kirk Joseph behandelt werden, weil er ein Musiker ist, an dem niemand, der sich heutzutage mit der Tuba im Jazz beschäftigt, vorbeikommt. Die Frage: „Ist das noch Jazz?" stellt sich andererseits auch bei der zeitgenössischen Improvisationsmusik, die sich vor allem in Europa aus dem Free Jazz entwickelt hat. Die wenigen, aber allesamt interessanten Vertreter dieses Genres sollen hier nicht zu kurz kommen.

Ohne die Möglichkeiten des Internets wäre dieses Buch nie möglich gewesen. Die Kritik an der Ausbeutung der Musiker*innen durch Streamingdienste ist berechtigt. Als Quellen der Recherche sind diese Plattformen allerdings unschätzbar wertvoll, und ich hätte Jahrzehnte gebraucht, um die Hörbeispiele für das Buch in den Second-Hand-Läden dieser Welt zusammenzukaufen. Wegen der Verfügbarkeit und Auffindbarkeit des Materials habe ich auch auf eine ausführliche Diskographie verzichtet. Wer dieses Buch als *listening guide* – und dafür ist es gedacht – verwenden will, wird durch Eingabe der Interpreten und Titel fast alle Hörbeispiele finden. Ich empfehle aber ausdrücklich, auch physische Tonträger, vor allem der lebenden Künstler, zu kaufen und ihre Konzerte zu besuchen.

Auch wenn dies hier ein Sachbuch ist, habe ich mir eine gewisse Subjektivität und einen persönlichen Geschmack vorbehalten. Wenn ich mir hier Beschränkungen auferlegt hätte, hätte meine Motivation schnell abgenommen und ich hätte das Buch nicht vollendet.

2 Was macht die Tuba zum Außenseiterinstrument im Jazz?

2.1 Jazzhistorische Gründe

In der Zeit des archaischen Jazz Ende des 19. Jahrhunderts wäre wohl niemand ernstlich auf die Idee gekommen, der Tuba einen Außenseiterstatus zuzuschreiben, war doch die Brass Band oder Marching Band in dieser Zeit die typische Ensembleform. Die ehemaligen Sklaven hatten durch die Auflösung zahlreicher Militärkapellen nach dem Bürgerkrieg die Möglichkeit, billig an Musikinstrumente zu kommen und eigene Bands zu gründen, die sich dann naturgemäß an die Instrumentierung der euro-amerikanischen Marschmusik anlehnten. Wie aus der Spannung zwischen dem afrikanischen Rhythmusempfinden der ehemaligen Sklaven und den von weißen Vorbildern übernommenen Marsch- und Polkarhythmen etwas Neues entstand, ist nicht Gegenstand dieses Buches[3]. Schon früh scheint es in der Instrumentierung kleinerer Jazzbands die Variationsmöglichkeit zwischen Tuba, Kontrabass und Nicht-Bass, also Verklanglichung der Grundtöne durch Klavier und Posaune, gegeben zu haben. Bei den Aufnahmen von Bunk Johnson aus den vierziger Jahren, die ja ein Bild vom historischen Jazz des frühen 20. Jahrhunderts vermitteln sollten, begegnen uns gleich zwei unterschiedliche Bands mit unterschiedlicher Instrumentierung und vor allem unterschiedlichen Bassinstrumenten, „Bunk´s Brass Band" (mit Tuba sowie Alt- und Tenorhorn als Harmonieträgern) und „Bunk´s Dance Band" (mit Kontrabass und Banjo). Daraus kann geschlossen werden, dass offensichtlich für kleinere Besetzungen, die in geschlossenen Räumen zum Tanz aufspielten, der Kontrabass vorgezogen wurde. Nicht zu vergessen ist außerdem, dass die Original Dixieland Jazz Band, also die erste Jazzband, die mit ihren Schallplatten ein Massenpublikum erreichte, in der Besetzung Kornett – Klarinette – Posaune – Klavier – Schlagzeug spielte, also ganz ohne Bassinstrument auskam. Das heißt aber, dass ab der Verbreitung des Jazz auf Schallplatte die Tuba im Gegensatz zu der dreiköpfigen *melody section* schon nicht mehr als unbedingt verbindliches und genretypisches Instrument einer Jazzband betrachtet wurde. Nicht unwahrscheinlich ist auch, dass in der damaligen Studiosituation die Aufnahmeleiter mit dem sonstigen Instrumentarium

---

[3] Vgl. hierzu Schuller, Early Jazz S. 6ff.

der Jazzmusik genügend zu tun hatten und möglicherweise Bands ohne Tuba lieber von den Plattenfirmen engagiert wurden.

In den frühen Bigbands ist die Tuba noch durchaus anzutreffen, vor allem bei Fletcher Henderson und Andy Kirk, spätestens mit dem Übergang zum Walking Bass aber unüblich. Der Kontrabass war auch klanglich besser kompatibel mit der Spielweise von Swing-Pianisten wie Earl Hines, Count Basie oder Teddy Wilson, die die linke Hand von ihrer Bassfunktion befreiten. Damit war für die Tuba im Jazzinstrumentarium kein Platz mehr.

2.2 Physikalische und physiologische Gründe

Für eine – im weitesten Sinne – swingende Artikulation braucht man Instrumente mit einem kurzen, kontrollierbaren Einschwingvorgang. Obwohl es, wie wir sehen werden, Tubisten gibt, die dieses Problem in den Griff bekommen, ist der gezupfte Kontrabass in dieser Hinsicht klar im Vorteil. Hinzu kommt die längere Reaktionszeit bei der Tuba, d.h. der Ton kommt immer erst mit einer gewissen Zeitverzögerung nach dem Anstoßen aus dem Schallstück. Hier ist also auf der Tuba bewusstes Üben und ein spezielles Timefeeling erforderlich, um einen Drive zu erzielen, der auf dem Kontrabass müheloser erreicht werden kann. Der Kontrabass ist außerdem länger ermüdungsfrei spielbar und bei durchlaufenden Basslinien nicht auf die Atemluft des Spielers angewiesen. Neben dem Luftholen kann auch das Schluckbedürfnis den Spielfluss hemmen und den Spieler unter Stress setzen, der ja als tragender Teil der Rhythmusgruppe eine hohe Verantwortung für die gesamte Band hat.[4]

Vor allem bei lauter Spielweise kann die Tuba einen blechigen Sound mit einem stärkeren Anteil an höheren Partialtönen entwickeln, der je nach Position im Raum unterschiedlich wahrgenommen wird.[5] Aus diesem Grund bevorzugen viele Tubisten Instrumente mit großem, nach vorn gerichtetem Schallstück, wie das Sousaphon oder die Bellfront-Bauweise. Man könnte außerdem meinen, dass die Tuba als Ventilinstrument in Sachen Intonation gegenüber dem bundlosen Kontrabass punkten kann. Die

---

[4] Zum praktischen Umgang mit den hier angesprochenen Problemen vgl. Kap.11.
[5] Vgl. Meyer: Akustik und musikalische Aufführungspraxis S.246f.

praktische Hörerfahrung zeigt aber, dass das Ohr bei der gezupften Saite viel eher geneigt ist, Intonationsschwächen zu verzeihen.

2.3 Einschränkungen beim Einsatz als Soloinstrument

Nach dem oben gesagten dürfte klar geworden sein, warum die Tuba vom Kontrabass in den frühen 30-er Jahren vom Kontrabass verdrängt wurde. Nun könnte man natürlich einwenden, dass die Tuba als Blasinstrument ihrem Wesen nach ohnehin ein Melodieinstrument wie die Trompete oder die Posaune ist. Das ist richtig, aber hinter deren expressiven Möglichkeiten bleibt sie, zumindest was die Hot-Ästhetik anbelangt, zurück. Als konisches Horninstrument mit weiterer Mensur fehlt ihr die Schärfe der eng mensurierten Blechinstrumente, die Glissandoeffekte der Posaune bleiben ihr verwehrt, Schmiertöne durch Halbventiltechnik und *false fingerings* kommen nicht so gut wie bei der Trompete. Noch schwerwiegender in der Praxis ist, dass die Tuba sich durch ihre Tonlage nur schwer von der Rhythmusgruppe absetzt. Bei einem Tubasolo müsste das Klavier aussetzen oder nur ganz dünne Voicings spielen, in der begleitenden Basslinie müsste auf chromatische Durchgangstöne und Bendings verzichtet werden. Möglich wäre auch, dass das Tubasolo in einen Stop-Chorus eingekleidet wird. All dies ist machbar in einer Band, in der es Arrangements oder vorherige Absprachen gibt. In einer spontaneren Jam-Session-Atmosphäre wird der Tubasolist allerdings versucht sein, sich durch größere Lautstärke durchzusetzen, was dann wiederum der Ansprache und Tonschönheit abträglich ist und den schlechten Ruf, der dem Instrument ohnehin schon anhaftet, bestätigt.[6]

---

[6] Auch diese Themen werden in Kap. 11 genauer abgehandelt.

3 Traditioneller Jazz (und Blues)

Jazzplatten und damit seriöse Forschungsgegenstände gibt es erst seit 1917, aber es ist, wie gesagt, ein Fakt, dass im archaischen Jazz die Tuba von Anfang an mit dabei war. Bis die ersten Schallplatten des Jazz aufgenommen wurden, entwickelten sich kleinere Besetzungen, die nicht mehr unbedingt zum Marschieren auf der Straße gedacht waren. Deren Musik war es dann auch, die das Interesse des Schallplattenpublikums und damit auch der Produzenten erregte. Die Tuba als ursprüngliches Bassinstrument war dadurch im ersten Jahrzehnt der Jazzschallplatten wenig vertreten.[7] Wie schon im vorigen Kapitel erwähnt, ist anzunehmen, dass das Fehlen des Bassinstrumentes und die vergleichsweise Häufigkeit des Kontrabasses bei den frühesten Jazzplatten aufnahmetechnische Gründe hatten, ebenso das Fehlen von zeitgenössischen Aufnahmen der frühen Brass Bands - aber dazu später mehr. Zeitgleich mit den frühen Jazzplatten vollzog sich parallel zur eigentlichen Jazzentwicklung der Übergang vom ländlichen zum städtischen Blues, bei dem die bis dahin in der Gesangsbegleitung dominierende Gitarre durch kleine Ensembles mit recht flexibler Besetzung ersetzt wurde. Mit dem Einsatz der Tuba beginnt hier eine Traditionslinie, die sich mit Tubisten wie Eli Newberger und Jon Sass bis in unsere Gegenwart fortsetzt.[8] Im Folgenden sollen frühe Aufnahmen vorgestellt werden, bei denen die Tuba bereits als Soloinstrument erscheint oder im Ensemble besonders prominent mitwirkt.

3.1 Peter Briggs (Louis Armstrong Hot Seven, Jelly Roll Morton)

Im Mai 1927 nahm Louis Armstrong mit seiner „Hot Seven" innerhalb von acht Tagen elf Seiten für Columbia und Okeh auf. Dafür erweiterte er die Rhythmusgruppe seines Quintetts um Baby Dodds am Schlagzeug und **Pete Briggs** an der Tuba. Auch wenn das Schlagzeug mehr fühl- als hörbar ist, gewinnt die Musik der Gruppe dadurch ein stärkeres rhythmisches Kontinuum. Briggs´ Beitrag dazu ist unterschiedlich. Bei manchen Titeln

---

[7] In Diskographien und Besetzungslisten begegnen übrigens oft die Abkürzungen „sb" für *string bass*, also Kontrabass, und „bb" für *brass bass*, also Tuba.
[8] Vgl. Kap. 9 und 10.

wirkt er gehemmt und hängt etwas hinter dem Beat. Als besonders gelungen kann dagegen sein Spiel in den Aufnahmen vom 11. Mai angesehen werden. Bei „Melancholy Blues" ist er Teil einer wirklich swingenden Rhythmusgruppe, bei „Weary Blues" spielt er selbstbewusst einen Solochorus über die *stop beats*, der ahnen lässt, dass er außerhalb der Studiosituation mit ihren strikten Zeitbeschränkungen für die Schellackplattenseiten häufiger soliert hat. Bei „Twelfth Street Rag" und dem drei Tage später aufgenommenen „That's When I'll Come Back To You" darf er im Anfangsthema zumindest kurze Breaks einwerfen. Hörenswert sind auch seine wuchtigen Überleitungsphrasen zwischen den Grundtönen in „Keyhole Blues". Auf alle Fälle ist Briggs ein kompetenter Spieler. Die erwähnte Unbeständigkeit auf manchen Titeln lässt sich möglicherweise darauf zurückführen, dass damals die Aufnahmeleiter in den Studios panische Angst vor lauten Tönen hatten, die die Aufnahmenadel aus der Matrize werfen könnten, und dass es ohnehin schwierig war, in einem Raum die dynamische Balance der verschiedenen Instrumente zu gewährleisten.[9] Es ist also möglich, dass Briggs bei den ersten Aufnahmen der „Hot Seven" noch verunsichert war und sich erst nach und nach an die Studiosituation angepasst hat. Drei Jahre später nahm Briggs mit der Gruppe von Jelly Roll Morton auf und ist in der Rhythmusgruppe als Tubist mit einem weichen Ton und makellosen Timing zu hören. Vor allem aber hat er ein brillantes Solo von 16 Takten in „Strokin' Away". Beweglichkeit, Artikulation und Swing sind bemerkenswert und erinnern an die Art, wie Adrian Rollini auf dem Basssaxophon spielte.

3.2 Aus dem weiteren Umfeld von Jelly Roll Morton

Jelly Roll Morton hat überhaupt zwischen 1926 und 1930 bei seinen Aufnahmen die Tuba dem Kontrabass vorgezogen, möglicherweise weil für seinen kompositorischen Anspruch eine zusätzlich tiefe Bläserstimme wünschenswert war, und dabei einen ganzen Kader von hervorragenden Tubisten zur Auswahl gehabt: neben Pete Briggs und dem noch zu erwähnenden Hayes Alvis sind dies **Bass Moore, Quinn Wilson, Harry Hull, Harry Prather, Bill Benford**, interessanterweise aber auch zwei weitere Musiker, die eigentlich in der Jazzgeschichte eher für den „endgültigen"

---

[9] Vgl. auch hierzu die abenteuerlichen Schilderungen in Crow S. 117ff.

Übergang von der Tuba zum Kontrabass stehen, aber hier auch als Tubisten eine gute Figur machen: **Pops Foster** und **Billy Taylor**. Vor allem Foster zeigt sich auf „Big Time Woman" und „New Crawley Blues", aufgenommen unter dem Namen des Klarinettisten Wilton Crawley, als zupackender und swingender Begleiter mit einem wuchtigen Ton, während Taylor in der Intro zu „Fickle Fay Creep" eine prominente Rolle erhält, die wohl dem kompositorischen Geschmack Mortons zuzuschreiben ist. Sein Ton wirkt etwas derber als der seiner Kollegen, seine Artikulation ist dennoch geschmeidig.[10]

Bill Benford gehört mit Recht zu den häufiger erwähnten Tubisten des traditionellen Jazz. Die Aufnahmen mit Morton aus dem Jahre 1930 zeigen ihn an der Seite seines Schlagzeug spielenden Bruders Tommy als eleganten Begleiter, der auch einmal in den 4/4-Bass wechselt („Each Day" und „Harmony Blues") oder die Halben ornamental verbindet. Bei „I'm Looking For A Little Blue Bird" tritt Benford mit einem lyrischen, motivisch durchgestalteten Chorus solistisch hervor, der abermals zeigt, dass das Potenzial der damaligen Tubisten weitaus höher war, als allgemein angenommen wird.

3.3 Bei King Oliver und Jabbo Smith: Bill Buford, Bert Cobb und Hayes Alvis

Bert Cobb ist ein sträflich in Vergessenheit geratener Pionier der Tuba im Jazz. Vielleicht liegt diese Obskurität daran, dass er gerade zu der Zeit Mitglied bei den „Dixie Syncopators" von King Oliver wurde, als dessen Popularität schon nachließ, und die Puristen die früheren Aufnahmen Olivers mit der „Creole Jazz Band" favorisieren. Zunächst muss gesagt werden, dass auch die „Dixie Syncopators" eine gute Band sind. Dem aufkommenden Bigband-Trend folgend ist die Besetzung auf zehn Mitspieler angewachsen, wodurch das ursprüngliche Dixieland-Kollektiv meist durch ausnotierte Sätze ersetzt wird. Auffallend ist jedenfalls der straffe, solide swingende Beat der Rhythm Section, an dem Cobb entscheidenden Anteil hat. Vor allem aber hat er in den Arrangements auch manchmal

---

[10] Vgl. aber auch die Bemerkungen im nächsten Kapitel über Taylors Spiel bei McKinney´s Cotton Pickers.

Gelegenheit, solistisch zu brillieren. Das früheste Beispiel – und möglicherweise auch das erste aufgenommene Tubasolo der Jazzgeschichte – ist ein sehr lyrischer, perfekt ausgeführter Chorus bei „Someday Sweetheart" von 1926, wo die Tuba auch sonst im Arrangement melodische Funktionen ausfüllt. Mindestens ebenso überzeugend ist Cobbs Bluessolo bei „Snag Snag" (zweite Version) aus dem gleichen Jahr, das durch seine gute Linienführung und schönen Ton besticht. Man beachte vor allem das gelegentliche Anschleifen der Töne und das Vibrato auf den Endnoten der Phrasen! Erwähnt werden sollte außerdem, dass Cobb auch Basslinien in Vierteln spielt, z.B. in „Doctor Jazz", wo er außerdem auch am Anfang die ersten acht Takte des Themas spielen darf.

Noch frappierender sind allerdings zwei Titel, die Cobb im Jahr 1928 im Trio mit dem Pianisten Tiny Parham und der Bluessängerin Sharlie English aufnahm: „Tuba Lawdy Blues" und „Transom Blues". Hier hat seine Tuba eigentlich gleich drei Funktionen: Blues-Bassfiguren, Verdoppelung der Gesangsstimme, aber auch deren Beantwortung. Der dadurch entstehende Dialog zwischen Gesang und Instrument ist mit den Aufnahmen von Bessie Smith und dem Posaunisten Charlie Green vergleichbar. Bestechend ist auch die Ornamentik, mit der Cobb hier seine Bassfiguren gestaltet.

Auch wenn es die chronologische Reihenfolge sprengt, muss hier **Ransom Knowling**[11] erwähnt werden, der an Cobbs Arbeit im Blues-Genre anknüpft. Er ist auf vier Seiten des Bluessängers Doctor Clayton von 1942 zu hören. In der Begleitung ergänzt er hier hauptsächlich den ohnehin schon sicheren Beat des Pianisten Blind John Davis, bei dreien der Titel spielt er auch Solo. „Moonshine Woman Blues" beginnt gleich mit einem prachtvollen Tubachorus, der seine Überzeugungskraft durch das saubere Timing und die sichere Ansprache, auch auf verschiedenen dynamischen Levels, gewinnt. In manchen Phrasen wirkt sein Ton geradezu zart, was als Entsprechung zu dem Text gedeutet werden kann, der von einer abgemagerten Alkoholikerin handelt. Die Tubasoli bei „My Own Blues" und „Ain´t No Business We Can´t Do" stellen ebenfalls seinen melodischen Ideenreichtum unter Beweis. Überhaupt handelt es sich bei

---

[11] Knowling war hauptsächlich als Kontrabassist im Blues aktiv, z.B. mit Big Bill Broonzy und Little Brother Montgomery.

diesen Aufnahmen um Blues auf höchstem Niveau, auch was Gesang, Texte und Klavierspiel anbelangt.

Zurück in die 20er Jahre: Cobbs Nachfolger bei den „Dixie Syncopators", die sich fortan wieder mehr dem traditionellen Two Beat Jazz zuwandten, wurde 1927 **Lawson Buford**, der hier fast an Cobbs Qualitäten heranreicht. Allerdings bleiben seine beiden Soli bei „Showboat Shuffle" und „Sobbin' Blues" hinter der Brillanz seines Vorgängers deutlich zurück.

Dieselbe Rolle des Ersatzmannes hat Buford offensichtlich auch bei seinem Folgejob gehabt, nämlich bei den „Rhythm Aces" des Trompeters Jabbo Smith, der um diese Zeit als ernstzunehmender Konkurrent Louis Armstrongs gehandelt wurde und vom Brunswick-Label einundzwanzigjährig als neuer Star aufgebaut werden sollte. Der Trompeter leitete hier ein schlagzeugloses Quintett mit Omer Simeon (Klarinette), Cassino Simpson, später Earl Frazier (Piano), Ikey Robinson (Banjo) und **Hayes Alvis** an der Tuba. Man kann einwenden, dass die klassischen Aufnahmen von Louis Armstrong bereits ein bis drei Jahre zurücklagen und Smith ein Epigone Armstrongs ist; dennoch gehören die Einspielungen der „Rhythm Aces" zu den reifsten und „modernsten" Tondokumenten des traditionellen Jazz. Neben der spektakulären Virtuosität des Leaders und dem ebenfalls bemerkenswerten Banjospiel von Robinson ist der Beitrag von Alvis essenziell für diesen Gesamteindruck. Zunächst einmal swingt die schlagzeuglose Combo im Vergleich zu Armstrongs „Hot Five" durch Alvis' straffe Time deutlich mehr, vor allem aber gibt sich der Tubist mit der konventionellen Rolle des Begleiters nicht zufrieden, sondern mischt sich immer wieder ins melodische Geschehen ein und übernimmt damit quasi den in dieser Quintettbesetzung fehlenden Posaunenpart mit. Daraus ergibt sich manchmal eine Auflösung der Rollen von Melodie- und Rhythmusgruppe, wie sie erst mindestens 20 Jahre später in den Gruppen von Lennie Tristano, Red Norvo, Charles Mingus oder Jimmy Giuffre wieder begegnet. Beispiele sind die Kollektivchorusse in „Little Willie Blues" und „Take Your Time". Wunderbar ist auch Alvis' leicht growlende Tongestaltung in dem langsameren „Sleepy Time Blues". Das ist die Sprache eines Musikers, der sich bewusst ist, dass er im musikalischen Kontext genauso gehört wird wie die eigentlichen Solisten. Andererseits beschränkt er sich bei „Take Me To The River" wieder auf die Halben, um dadurch wiederum dem Banjospieler mehr rhythmische Freiheiten zu ermöglichen. Kurze Tubasoli sind zu hören bei „Sha Sha Stomp", „Michigander Blues", und „Weird And Blue". Geradezu akrobatisch sind Alvis' Läufe in der Intro zu „Ace Of Rhythm", aber insgesamt ist doch sein Beitrag zum Gruppensound am denkwürdigsten. Im August 1929 wurde Hayes dann durch Lawson Buford ersetzt, der der Band ein verlässliches Fundament verleiht, aber nicht die Flexibilität und Leichtigkeit seines Vorgängers aufweist. Fairerweise sei allerdings auch vermerkt, dass die Band inzwischen durch einen weiteren Bläser zum Sextett angewachsen war, was natürlich die Möglichkeiten zu einem spontanen Zusammenspiel einschränkt.[12]

Hayes Alvis arbeitete zur gleichen Zeit mit den „Dixie Rhythm Kings" von Omer Simeon und der Big Band von Earl Hines. In beiden Bands hatte er aber nicht die kreativen Entfaltungsmöglichkeiten wie bei Jabbo Smith. Zwei unter dem Bandnamen „Levee Serenaders" erschienenen Aufnahmen mit Jelly Roll Morton und der Sängerin Frances Hereford zeigen Alvis in gewohnt guter Form. Später verlegte er sich dann auf den Kontrabass, mit dem er unter anderem bei Duke Ellington und Wilbur DeParis zu hören ist. Seine Spielweise und Musizierhaltung als Tubist wirken bewusst oder unbewusst fort bei den Musikern, die im Kapitel 9 behandelt werden.

3.4 Die *territory bands*: Eine Fundgrube

Als *territory bands* bezeichnet man die Jazzbands, die in den 20er und 30er Jahren außerhalb der wichtigen Jazzstädte New Orleans, New York und Chicago aktiv waren. Da sie keine Tourneen in größere Städte unternahmen und ihre wenigen Schallplatten nur auf regionalen Labels erschienen, sind sie weitgehend unbekannt geblieben. Tatsächlich sind die vorhandenen Aufnahmen musikalisch interessant und bieten interessante Facetten des breiten musikalischen Spektrums des damaligen Jazz.

Uns beschäftigen uns hier zunächst „Curtis Mosby's Dixieland Blue Blowers", die in den 20er Jahren in Los Angeles wirkten. Ihr Tubist **Perkins** (kein Vorname überliefert), der auf Aufnahmen von 1928 zu hören ist, ist

---

[12] Übrigens gibt es Diskographien, in denen nur Buford als Tubist der „Rhythm Aces" gelistet wird. Aufgrund der doch spürbaren stilistischen Unterschiede kann ich mich dieser Theorie nicht anschließen.

ein phänomenaler Musiker, der zumindest im aufgenommenen Jazz seiner Zeit seinesgleichen sucht.[13] In „Louisiana Bo Bo", einer schnelleren Nummer der Band, soliert Perkins und ist damit wohl neben Peter Briggs, Bert Cobb, Joe Tarto und Lawson Buford einer der ersten Tubisten der Jazzgeschichte, von denen aufgenommene Chorusse existieren. Es handelt sich um ein technisch sauber ausgeführtes zehntaktiges Solo mit viel Swing und Drive. Der Einstiegsbreak ist bemerkenswert, charakteristisch sind die stakkato artikulierten Tonwiederholungen in Achteln. Man fühlt sich etwas an die Artikulationsweise der frühen Jazzsaxophonisten vor Coleman Hawkins erinnert. Perkins` Begleitarbeit in anderen Stücken der Band ist präsent und makellos, die verzwickten Breaks und Stop Beats in den Arrangements macht er souverän mit. Virtuose Fills von der Tuba finden sich in „Hardee Stomp" und „Weary Stomp".

Gunther Schuller äußert sich enthusiastisch:

In all my years of listening to early jazz (...) I have never heard anything quite like this man (who happens to have been also superbly recorded). His tone was simply magnificent, not even matched by such tuba stalwarts as Ralph Escudero, Bass Edwards, John Kirby, Joe Tarto. But even more amazing is his „time", not only flawlessly accurate but with a pulse and implicit line (...) that is to my ears years ahead of the then prevailing state of the art. There is a grandeur in his playing that lifts the music (and the band) in a way that seems to me to be either unique or extremely rare for that period.[14]

Ungefähr zur gleichen Zeit aktiv war **Montgomery Morrison** von „Zach Whyte's Chocolate Beau Brummels" aus Cincinnati.[15] In „West End Blues" von 1929 spielt er – nach den erwähnten Aufnahmen von Bert Cobb, Pete Briggs, Lawson Buford und Perkins und dem noch zu erwähnenden Joe Tarto – einen weiteren frühen Tubachorus in der Geschichte des aufgenommenen Jazz, und beileibe nicht den schlechtesten. Vom ersten Ton des Stückes an spürt man, auch von der dynamischen Präsenz im Ensemble, dass die Tuba in der Band wichtig ist und ein selbstsicher agierender Tubist am Werke ist. Neben dem üblichen Grundpattern aus Halben spielt er auch Überleitungen aus Vierteln, punktierten Achteln und Triolen. Seine

---

[13] Trotz der ungefähren Zeitgleichheit mit Zach Whyte erwähnt Gunther Schuller die Band erst in seinem zweiten Band *The Swing Era,* S. 780.

[14] Schuller, *The Swing Era* ebd.

[15] Auch die Entdeckung dieser Band verdanke ich Gunther Schuller, *Early Jazz,* S. 310.

kontrapunktische Rolle im Ensemble wird noch dadurch unterstützt, dass die Posaune überwiegend ausgehaltene Harmonietöne spielt oder im harmonischen Satz die Melodie verdoppelt. Sein Solo ist teilweise sicherlich einstudiert, was am *call and response* mit den Backings der anderen Bläser deutlich wird. Umwerfend sind aber auf alle Fälle das Selbstbewusstsein, mit dem er vom Einstiegsbreak an in diesem Chorus die Führung des Ensembles übernimmt und sein runder und kräftiger Ton. Die beiden anderen vorhandenen Titel der Band, „Good Feelin' Blues" und „Hum All Your Troubles Away" enthalten keine Soli von Morrison, aber doch auch wieder sehr interessante Begleitarbeit, teilweise auch in Vierteln und mit Verzierungen und auch Breaks in der Basslinie.

Offensichtlich bestand in diesen beiden Bands Einigkeit, dass der Tubist einfach zu den besten Mitspielern gehörte und deshalb bei den Plattenaufnahmen einen Platz in der ersten Reihe bekommen musste. Diese Musiker hätten wahrscheinlich nie im Traum daran gedacht, dass sie 100 Jahre später Gegenstand wissenschaftlicher Untersuchungen sein würden. Hörenswert sind sie auf alle Fälle immer noch.

3.5 „Dixieland" und „Chicago-Stil"

Man kennt ja die schulbuchgerechte Einteilung der Jazzgeschichte nach Dekaden und die Vorstellung, dass die verschiedenen Hautfarben abwechselnd das Jazzgeschehen dominieren und demzufolge die 1910er und 20er Jahre vom „weißen" Dixieland- und Chicago-Jazz geprägt werden. Die Kombination mit der geographischen Zuordnung macht die Sache nur noch schlimmer. In Wirklichkeit zogen ja die maßgeblichen afroamerikanischen Musiker des New Orleans Jazz 1917 nach Chicago und nahmen erst dort Schallplatten auf. Aber auch die „New Orleans Rhythm Kings", eine Band aus hellhäutigen New Orleanser Musikern, formierten sich erst in Chicago, werden aber in der einschlägigen Literatur noch dem Dixieland-Jazz zugeordnet. Diese im übrigen hervorragende Band wird bislang im Wiederveröffentlichungsgeschäft und den Diskographien eher stiefmütterlich behandelt. Bei einigen Aufnahmen spielt der Bassist – es muss sich wohl um **Chuck Martin** handeln – auch Tuba, auf „Golden Leaf Strut" (1924) ist auch ein kurzer Tuba-Break zu hören. Als Teil einer wirklich stramm swingenden Rhythmusgruppe ist Martin auf alle Fälle ein Mann, der nicht unerwähnt bleiben darf. Übrigens nahm Martin noch 1963 im Alter von 77 Jahren als Leader und Tubist eine schöne Langspielplatte „Shades Of New Orleans" auf, für die er Musiker verschiedener Generationen, unter anderem auch den Posaunisten Frog Joseph[16] um sich sammelte. Man kann diese Aufnahmen als ein Zeichen für die Kontinuität der traditionellen Jazzszene in New Orleans und damit auch als *missing link* zu dem in einem späteren Kapitel zu besprechenden Tuba Fats Lacen ansehen. Oder auch als ästhetischen Gegenentwurf zu den „Kings Of Dixieland", die wir in Kapitel 6 im Zusammenhang mit Red Callender noch kennenlernen werden.

Um wieder in die Ära des Chicago-Jazz zurückzukehren: Interessant ist in unserem Zusammenhang, dass in dieser Epoche als drittes mögliches Bassinstrument das Basssaxophon hinzukommt und mit Adrian Rollini einen seiner bis heute wichtigsten Vertreter gefunden hat. Rollinis knackige Bassfiguren, vor allem aber die Flüssigkeit seiner Läufe in den Solochorussen setzten Maßstäbe, denen sich nun auch die Tubisten zu stellen hatten. Andererseits gab es auch Bassisten wie **Min Leibrook** bei Bix Beiderbecke, die je nach Bedarf alle drei Instrumente am Start hatten.

Als namhaftester Tubist dieses Genres muss jedoch **Joe Tarto** angesehen werden, der in Randbereichen des Jazz an zahlreichen Studioaufnahmen beteiligt war.[17] Von jazzgeschichtlichem Interesse sind aber vor allem die Aufnahmen, die er mit Red Nichols und Miff Mole machte.[18] Beide gehören zu den Musikern, die den sogenannten Chicago-Stil wiederum paradoxerweise in New York praktizierten. Aufnahmen von Nichols aus dem Jahre 1927, z.B. „Davenport Blues" zeigen ein recht steifes, wenig swingendes Rhythmusgefühl, obwohl man Tarto zubilligen muss, dass er einen mächtigen Sound und eine griffige Artikulation hat. Uns interessieren natürlich auch seine solistischen Beiträge. In dem swingenderen „Someday Sweetheart" hat er einen kurzen Break, in „Darktown Strutters´ Ball" einen recht schematisch wirkenden, auf Akkordbrechungen basierenden Solochorus. Rundum gelungen ist sein 16-taktiges Solo bei „Wabash Blues". Es ist auf gleichermaßen hohem Niveau wie die der oben erwähnten

---

[16] Für uns auch interessant als Vater des überragenden Sousaphonisten Kirk Joseph!
[17] Vgl. dazu die Kompilation „Titan Of The Tuba" (Broadway Intermission).
[18] Nach https://www.discogs.com/artist/807449-Miff-Moles-Molers mussten bei Aufnahmen für verschiedene Plattenfirmen verschiedene Leader angegeben werden.

afroamerikanischen Zeitgenossen. Aufnahmen von 1928, „Crazy Rhythm",
„You're The Cream In My Coffee", „You Took Advantage Of Me" und „Wild
Oat Joe" swingen stärker. Joe Tarto wirkt in der Rhythmusgruppe sehr
präsent, tritt aber solistisch nicht hervor. Wie schon gesagt, wirkte er später als Studiotubist und -bassist in den verschiedensten musikalischen
Genres und spielte „in späteren Jahren <...> in kleinen Dixie Gruppen und
hatte ein eigenes New Jersey Dixieland Brass Quintet"[19]. Schade, dass
davon keinerlei Aufnahmen existieren.

3.6 In Bunk Johnson´s Brass Band: Joseph „Red" Clark

Dieser Abschnitt ist hier nach der historischen Abfolge am Ende des Kapitels angeordnet, müsste aber stilistisch eigentlich am Anfang stehen. **Red
Clark,** der 1894 und damit schon deutlich nach der archaischen Periode
des Jazz geboren wurde, aber als Sohn des Tenorhornspielers Aaron
Clark[20] für Kontinuität und Traditionsverbundenheit steht, nahm 1945 mit
der Brass Band des Trompeters Bunk Johnson auf, die wohl als Rekon-
struktion der Musik gelten darf, die am Anfang des 20. Jahrhunderts in
New Orleans den Übergang vom archaischen zum traditionellen Jazz dar-
stellte. Das Repertoire besteht aus ausgesprochenen Gassenhauern wie
„Gloryland", „My Maryland", „When The Saints" und sogar „Happy Birth-
day", die wohl damals bei Straßenparaden gespielt wurden. Clark ist hier
neben Baby Dodds an der kleinen und Lawrence Marrero an der großen
Trommel Teil einer druckvoll treibenden Rhythmusgruppe[21] und spielt
selbst eher noch vor dem Beat. Wenn man bedenkt, wie zaghaft Dodds in
den 20er Jahren im Studio gespielt und nur gelegentlich lautere Becken-
akzente gesetzt hat, wird klar, wie befreiend die modernere Aufnahme-
technik auf die Musiker gewirkt haben muss. Clark nahm 1951 außerdem
mit der „Eureka Brass Band" auf, die tatsächlich auf ein kontinuierliches
Bestehen seit 1920 zurückblicken konnte[22], aber damals ebenfalls keine
Schallplatten eingespielt hatte.

---

[19] https://de.wikipedia.org/wiki/Joe_Tarto

[20] Vgl. https://de.wikipedia.org/wiki/Red_Clark.

[21] Nach welchen Regeln hier Alt- und Tenorhorn die Mittellage mit Harmonietönen auf-
füttern, wäre auch einmal einer Untersuchung wert!

[22] Vgl. https://en.wikipedia.org/wiki/Eureka_Brass_Band.

Vieles in diesem Kapitel spielt sich etwa zeitgleich mit dem vorigen ab, die Spielweisen der vorkommenden Musiker ähneln sich. Warum also trotzdem diese Trennung? Zum einen hat das kleinere Ensembleformat des traditionellen Jazz bereits 20 Jahre auf dem Buckel gehabt, bis wirklich seine besten Ausprägungen auf Schellack verewigt wurden. Andererseits entwickelte sich ab 1923 in einem langwierigen Prozess die Bigband als typische Ensembleform der Swing-Ära der 30er Jahre. Auch hier begegnen uns Tubisten, aber wieder andere als die bis jetzt genannten. Rein physikalisch betrachtet, war bei der wachsenden Größe der mehr und mehr bläserlastigen Bands die Tuba die richtige Wahl gegenüber dem Kontrabass. Dass dieser ab 1931 endgültig die Oberhand gewann, hat mehrere Gründe: Der für den Swingstil charakteristische Viertelnotenbeat erfordert letztlich einen Walking Bass, der von den meisten Tubisten dieser Zeit technisch, aber auch konditionsmäßig nicht mehr zu bewältigen war, vor allem, wenn man an die nachtlangen Auftritte in den Ballrooms denkt. Zudem erwies es sich als wünschenswert, dass die Rhythmusgruppe eine Einheit bildet, die sich klanglich von den Bläsersections abhebt.

4.1 Die frühen Bigbands

Die Tubisten dieser Bands bieten insgesamt wenig Studienmaterial; ihre Rolle im Ensemble ist zu eingeschränkt, um größere individuelle Entfaltung zu ermöglichen. Die Two-Beat-Bassfiguren sind strukturell insgesamt ähnlich, und die jeweils besten Spieler schafften den Übergang zum 4/4-Swing und wechselten dann zum Kontrabass. Als Kuriosum am Rande sei erwähnt, dass Duke Ellington ganz am Anfang auch noch die Tuba einsetzte und beispielsweise von „East St. Louis Toodle-Oo" drei Versionen existieren, davon zwei mit Tuba (**Bass Edwards** oder **Wellman Braud**), die dritte mit Wellman Braud am – gestrichenen – Kontrabass[23].

---

[23] Vgl. Schuller, Early Jazz. S. 328f.

4.1.1 Bei Fletcher Henderson: Ralph (?) Escudero und June Cole

Dass Fletcher Henderson zumindest einer der ersten war, die den traditionellen Jazz auf ein größeres Ensembleformat übertrugen, ist hinlänglich bekannt. Zwischen 1923 und 1926 hatte zunächst der aus Puerto Rico stammende **Ralph Escudero**[24] den Platz des Tubisten inne. Louis Armstrong erzählt eine Anekdote, wie er 1923 zur Band stieß und die vielleicht mehr über Escudero aussagt als sein auf Schellack erhaltenes Spiel:

Immer noch sagte keiner ein Wort. Schließlich sagte einer was zu Long Boy Charlie Green, dem großen Posaunisten. O ja, es war Escudero, der große Tubabläser. Escudero war sowas wie ein kleiner Teufel, und er stand offenbar ganz unheimlich darauf, Green hochzunehmen. Das wusste ich da natürlich alles noch nicht. Jedenfalls lehnte sich Escudero nach vorne rüber und spielte Greens Posaunenstimme Ton für Ton auf seiner Tuba. Das klang vielleicht! (...) Da fing ich an, mich zu Hause zu fühlen, und die Spannung legte sich mehr und mehr.[25]

Auch diese Geschichte verdeutlicht, dass die Tubisten jener Zeit zu wesentlich mehr imstande waren, als nur Grundtöne und Quinten auf die Halben zu spielen. Auf alle Fälle wurde Escudero seiner Rolle in der Band mit seinem präzisen Timing voll gerecht. Ein passendes Hörbeispiel ist „The Stampede" von 1926, auch bekannt geworden durch das für die damalige Zeit „moderne" Tenorsaxophonsolo von Coleman Hawkins. Kurz darauf übernahm für vier Jahre **June Cole** seine Position in der Henderson-Band ein. Er hat einen machtvollen Ton, schleppt aber manchmal leicht und hat nicht immer den Drive seines Vorgängers. In guter Form zeigt er sich zum Beispiel bei „The Henderson Stomp" (1926) und „The St. Louis Blues" (1927), wo Cole sogar als Zwischenspiel einmal ein viertaktiges „Solo" hat. Sein Nachfolger wurde John Kirby, dem wegen seiner Bedeutung weiter unten ein eigener Abschnitt gewidmet wird.

4.1.2 McKinneys Cotton Pickers

Escudero wechselte nach seiner Trennung von Fletcher Henderson 1928 zu einer weiteren wichtigen – und für Freunde der Epoche heute noch hörenswerten – Band dieser Zeit, „McKinney's Cotton Pickers", wo er seine

---

[24] Es ist anzunehmen, dass er mit dem in manchen Besetzungsangaben der gleichen Aufnahmen gelisteten Bob Escudero identisch ist.
[25] Zit. nach Shapiro/Hentoff, S.199.

Qualitäten wiederum ausspielte, allerdings bereits nach einem Jahr durch den im Zusammenhang mit Jelly Roll Morton schon genannten **Billy Taylor, Sr.** ersetzt wurde. Und der erweist sich als würdiger Nachfolger. Auf Titeln wie „Gee, Ain´t I Good To You" und dem schnelleren „Peggy" überzeugt er mit einem über weite Strecken durchgezogenen Walking Bass und einem runden, weichen Ton, wobei er insgesamt die tiefere Lage seines Instrumentes bevorzugt. Ein ganz spezielles Kompliment macht ihm in diesem Zusammenhang Gunther Schuller: „(...) Billy Taylor´s magnificent tuba contra *d* flat at the end of *Miss Hannah*, surely the lowest pitch on any jazz record before or since".[26]

4.1.3 Andy Kirk

Ein Indiz für die zunächst unangefochtene Stellung der Tuba als Bassinstrument im großen Ensemble ist, dass eine weitere frühe Bigband aus Kansas City sogar vom Tubisten geleitet wurde: „**Andy Kirk**'s Twelve Clouds Of Joy". Das heißt, in der ersten Phase der Band (1929-1931) war Kirk an der Tuba, selten am Basssaxophon, der alleinige Bassist der Band. Das Repertoire ist durchwachsen, zügige Bluesnummern wechseln mit angestaubten Gesangs- und Geigenfeatures. Kirk spielt seine Rolle in der Rhythmusgruppe ähnlich gut wie Cole oder Escudero bei Henderson und macht vielleicht noch stärker als diese die Dynamik und Rhythmisierungen der Arrangements mit. Schließlich dirigiert er ja quasi die Band von seinem Instrument aus. Von unserem Standpunkt interessant sind „Cloudy" (1929), wo er einen kurzen Solobreak hat, und „There's Rhythm In The River" (1931), wo kraftvolle Viertel von der Tuba zu hören sind. Offensichtlich war die Band in den folgenden Jahren so mit Auftritten bei Tanzveranstaltungen beschäftigt, dass sie erst 1936 wieder ins Studio ging. Kirk hatte sich inzwischen aufs Dirigieren verlegt und den Kontrabassisten Booker Collins engagiert. Die Band entwickelte sich musikalisch weiter und förderte neue Talente wie Mary Lou Williams und Kenny Kersey am Klavier oder die Trompeter Howard McGhee und Fats Navarro, die dann im Bebop eine wichtige Rolle spielen sollten.

---

[26] Schuller, Early Jazz, S. 269; diese Bemerkung gibt den Stand von 1968 wieder.

4.1.4 Bei Bennie Moten: Vernon Page

Eine Kuriosität der Jazzgeschichte ist auch, dass die Vorgängerband des Orchesters, das dann als Swingband par excellence in die Geschichte eingehen sollte, mit Bass vom Blech begann. Die Rede ist von dem Orchester von Bennie Moten, das in Kansas City dem Beispiel von Fletcher Henderson folgend seine Besetzung kontinuierlich erweiterte:

By 1924 the Moten orchestra had increasesd to a personell of eight by adding a tuba (...). When the band recorded again at the end of 1926 (...) it had grown to ten pieces, only two less than Fletcher Henderson's orchestra of that period.[27]

Der genannte Tubist ist **Vernon Page**, eine weitere obskure Figur, über deren Lebensdaten wenig zu erfahren ist. Fakt ist, dass die Band auf den meisten Aufnahmen stärker swingt und weniger behäbig wirkt als die von Fletcher Henderson, und daran hat Pages punktgenaue Phrasierung neben dem rhythmisch extrem straffen Banjospiel von Leroy Berry entscheidenden Anteil. Für unser Thema interessant sind beispielsweise „Just Rite" (1928), wo hinter Berrys Banjosolo Pages zügige Artikulation besonders transparent durchscheint, und „Trouble in Mind" von derselben Session. Hier imitiert und übernimmt der Tubist in seiner Begleitung sogar geschickt die Achtelphrasierungen des Altsaxophonsolisten. Auf „When I'm Alone" (1930) spielt Page in seiner Basslinie so viele Viertel wie möglich und wird damit den Anforderungen des aufkommenden neuen Stils fast gerecht. Wahrscheinlich ist es gerade dieses „Fast", weshalb er dann ein Jahr später durch den Kontrabassisten Walter Page[28] ersetzt wurde, der dann auch beibehalten wurde, als schließlich Count Basie die Band übernahm.

---

[27] Schuller: Early Jazz, S. 285.
[28] Es liegt nahe, über eine Verwandtschaft der beiden namensgleichen Musiker und eine Musikerfamilie zu spekulieren, zumal ja der Trompeter Hot Lips Page auch ein Halbbruder von Walter Page war. Diese Spekulation lässt sich aber durch keinerlei Recherchen erhärten.

4.2 John Kirby: Vollender der Tradition oder Vorbereiter der Zukunft?

Wie gesagt, stieg **John Kirby** pünktlich zur neuen Dekade und damit zur eigentlichen Swingära bei Fletcher Henderson ein, und die Band swingt stärker als zuvor. Auf Titeln wie „Sweet And Hot" oder „Clarinet Marmalade" von 1931 zeigt er die gleichen Qualitäten, die auch den schon erwähnten Billy Taylor auszeichnen. „Singin' The Blues" und − in schnellem Tempo − „Sugar Foot Stomp" aus dem gleichen Jahr zeigen Kirbys Fähigkeit, in Viertelnoten zu swingen. Es verwundert nicht, dass Kirby mit diesen Fähigkeiten auch ein fähiger Kontrabassist für die Band war und in dieser Funktion mehr und mehr von Henderson eingesetzt wurde. Der Tuba blieb er aber in anderen Kontexten treu. Als Beispiel für den Einsatz des Instrumentes in einer damals wirklich zeitgemäßen Swingcombo seien die Aufnahmen genannt, die er 1931 mit einer der vielen Gruppen aufnahm, die sich „Chocolate Dandies" nannten, einem Septett in der illustren Umgebung von Bobby Stark (tp), Benny Carter (as), Coleman Hawkins (ts), Jimmy Harrison (tb), Horace Henderson (p) und Benny Jackson (g). Faszinierend sind hier vor allem das Zusammenspiel von Tuba und Rhythmusgitarre in der schlagzeuglosen Besetzung und der schon weit entwickelte − außerdem hier besser als in der vollen Bigband hörbare − Walking Bass. Nach langjähriger Bigbandarbeit mit Henderson und zwischenzeitlich als Bassist bei Chick Webb gründete Kirby schließlich sein populäres Sextett. Den Gefallen, hier wieder wie bei den „Chocolate Dandies" zur Tuba zu greifen, hat er der Nachwelt nicht getan. Seine Spielweise lebt ähnlich wie die von Hayes Alvis in den Musikern fort, die wir in Kapitel 9 behandeln werden. Aber auch Red Callender, der zeitlebens Tuba und Kontrabass als gleichberechtigte Hauptinstrumente eingesetzt hat, steht in seiner Tradition.

5 Ab den 40er Jahren: Die Tuba im arrangierten Bläsersatz

Nach den beschriebenen letzten Ausläufern des Blechbasses in der Swingära war nun im Bebop der Kontrabass endgültig das amtliche Bassinstrument in der Jazzcombo. Welcher Tubist hätte denn auch in nächtelangen Jam Sessions permanent Walking Bass in Tempi um die 300 durchstehen mögen? Aufwind für unser Instrument gab es also erst, als auch der Jazz der Bigbands anfing modern oder vielmehr *cool* zu werden. Nun hatten schon Billy Eckstine und Dizzy Gillespie Bigbands im Bebop-Idiom geleitet und Musiker wie Stan Kenton oder Boyd Raeburn hatten begonnen, Kompositionselemente der modernen sinfonischen Musik auf die Bigband anzuwenden. Claude Thornhill war ein weiterer Bandleader dieser Zeit, der mit seinem introvertierten Charakter zunächst weit weniger Wind um sich machte als Kenton, dessen Musik aber dafür umso gründlicher nachwirkte. Um dem etablierten Bigbandsound impressionistische Klangfarben hinzuzufügen, fügte er zunächst zwei Waldhörner zum Lineup hinzu und ließ nur Saxophonisten mitspielen, die auch die Klarinette als Zweitinstrument beherrschten. 1947 erweiterte er, wohl auf Betreiben seines Hauptarrangeurs Gil Evans, die Instrumentierung um Flöten und die Tuba von **Bill Barber**. Nach einer lakonischen Aussage in Reclams Jazzführer war dieser „der erste, der auf diesem Instrument Modernen Jazz gespielt hat"[29], eine Aussage, die es hier zu überprüfen gilt. Auf alle Fälle war der neue Sound der Band etwas, das in Musikerkreisen auf Interesse stieß, und es ist bekannt, dass sich Gil Evans für das berühmte „Capitol Orchestra" – eigentlich nur ein Nonett – von Miles Davis vom Klang der Thornhill-Band inspirieren ließ und dafür auch wiederum Barber engagierte. Die Ergebnisse wurden später auf dem legendären Album „Birth Of The Cool" zusammengefasst. Tatsächlich blieb Barber bis in die 60er Jahre für Gil Evans die erste Wahl unter den Tubisten. Somit war er dann auch Ende der 50er Jahre bei den gefeierten Kollaborationen von Evans und Miles Davis dabei, und auf dem Album „Porgy And Bess" findet sich sein einziges mir bekanntes Solo in „The Buzzard Song". Das Solo ist gut, es ist jazzig und swingend phrasiert, der Ton ist vielleicht ein klein wenig flach, ermöglicht Barber aber eine makellose musikalische

---

[29] Bohländer S. 367.

Ausführung. Problem ist nur, dass es in der Melodieführung 1:1-Wiederholungen gibt und sich so der Verdacht erhärtet, dass das Solo vom Arrangeur ausnotiert war. Eigentlich logisch, wenn man bedenkt, dass diese ganzen Davis-Evans-Projekte ja als Feature gedacht waren, um den Trompeter als einzigen improvisierenden Solisten in den Mittelpunkt zu stellen. Ein weiteres Stück Jazzgeschichte schrieb Barber um diese Zeit auch als Satzbläser bei den „Africa Brass"-Sessions von John Coltrane mit.

Zurück in die 40er Jahre: Nach der Auflösung der Thornhill-Band und etwa zeitgleich mit der „Birth Of The Cool" spielte Barber mit der zur Bigband angewachsenen Band des Tenorsaxophonisten Charlie Ventura sieben Titel von Duke Ellington ein. Wer auch immer der Arrangeur gewesen ist, er scheint Gefallen daran gefunden haben, Barber in seinen Partituren ins rechte Licht zu rücken und die Tuba nicht nur als tiefe Füllstimme im Satz einzusetzen.

Der Erfolg von „Birth Of The Cool" rief im West Coast Jazz Epigonen auf den Plan; mittelgroße Besetzungen mit höherem Anteil an arrangierten Passagen wurden beliebt, wie z.B. „Modern Sounds" von Shorty Rodgers in Oktettbesetzung mit dem Tubisten **Gene Englund**, der aber auch wiederum nicht als Jazzsolist zu hören ist. Gil Evans selbst kommentierte diesen Trend 1957 in einem Interview im Down Beat folgendermaßen:

After those records, what we had done seemed to appeal to other arrangers. There was, for one thing, a lot of tuba-type bands. I'm glad for Barber's sake, but I think it was overdone.[30]

Wenn man nun Barbers Leistung würdigen soll, muss man sagen, dass er kein Jazzsolist im engeren Sinne ist, wohl aber ein ausgezeichneter Interpret von ausnotiertem oder arrangiertem Jazz. Damit nimmt er also eine Rolle ein, die man in Bigbands oft von spezialisierten Leadtrompetern oder Bassposaunisten kennt, aber z.B. auch von den Ventilposaunisten Juan Tizol und John Sanders in der Ellington-Band.

Barber gehörte 1952 außerdem zu den Gründungsmitgliedern des Sauter-Finegan Orchestra, das klanglich ähnlich experimentierfreudig wie die Thornhill-Band war, aber damit doch zehn Jahre zu spät kam; die Jazzentwicklung war in der Zwischenzeit doch weiter vorangeschritten, und

---

[30] Down Beat: 60 Years Of Jazz, S.98.

durch die verkünstelte Verspieltheit der Arrangements wurde der Jazzgehalt verwässert. Nach heutigem Höreindruck bietet das Sauter-Finegan Orchestra allenfalls ungewöhnliche gehobene Unterhaltungsmusik. Für eine Tournee im Jahre 1953 wurde Barber in dieser Band von **Harvey Phillips** vertreten[31], der später auch bei zwei Alben von Gil Evans, „Old Bottle, New Wine" und „Into The Hot" die Tubastimme übernahm. Phillips ist wohl für die Amerikaner der Tubist schlechthin. Dave Gannett z.B. ist sein Schüler und lobt ihn in den Liner Notes zu seinem Album[32] in den höchsten Tönen. Allerdings ist Phillips in allererster Linie ein klassischer Tubavirtuose, der sehr wenige Aufnahmen von wirklichem Jazzinteresse gemacht hat. Erwähnenswert sind gegen Ende der 50er Jahre entstandene Dixielandplatten der Trompeter Pee Wee Ervin („Oh Play That Thing") und Jimmy McPartland („The Happy Dixieland Jazz") wo die Tuba hauptsächlich in den von dem Pianisten Dick Carey hervorragend arrangierten Passagen eingesetzt wird. Phillips ist außerdem auf drei Titeln des epochemachenden Albums „The Quintessence" von Quincy Jones als Satzbläser vertreten. Im Rahmen seiner Studiotätigkeit war er auch an dem Album „Movin' Wes" des Gitarristen Wes Montgomery beteiligt, für das Johnny Pate die Arrangements schrieb. Besonders wirkungsvoll wird seine Tuba hier in „Matchmaker" zur Umspielung der Bassfigur eingesetzt. Größeres jazzmäßiges Engagement zeigte Phillips dann 1977 mit der Gründung des „Matteson-Phillips Tubajazz Consort" mit sechs tiefen Blechbläsern plus Rhythmusgruppe, wobei als hauptsächliches Soloinstrument das Euphonium, gespielt von Rich Matteson und Ashley Alexander, zu hören ist. **Rich Matteson** ist auf dem Titelstück des Duoalbums „The Sound Of The Wasp" (1975) mit Phil Wilson auch auf der Tuba zu hören, die offensichtlich am Anfang seiner Karriere sein Hauptinstrument war. Eines der wenigen Tondokumente ist das Album „Louis <Armstrong> And The Dukes of Dixieland" (1960)[33], wo er swingende Basslinien und gelegentlich auch spektakuläre Soli beisteuert, die ihn als wichtige Übergangsfigur zu den in Kapitel 9 behandelten Musikern ausweisen.

---

[31] Vgl. Phillips S.109ff.

[32] Vgl. Kap.9.

[33] Überhaupt ist dies eine hörenswerte Platte, denn sie zeigt Armstrong in bester Spiellaune, improvisationsfreudiger als mit seinen damaligen All Stars.

6.0. Die 50er Jahre: Neue Solisten

Nach der Bereicherung der Jazzensembles um neue Klangfarben, vor allem unter dem Einfluss von Claude Thornhill und Gil Evans, war es nur eine Frage der Zeit, dass auch die „neuen" Blasinstrumente wie Flöte, Oboe, Waldhorn auf ihre solistische Eignung hin erprobt wurden. So ist es nicht verwunderlich, dass auch die ersten modernen Tubasolisten in diesem „coolen" Umfeld auftauchten.

6.1 Red Callender

Red Callender, 1916 geboren und damit nur sieben Jahre jünger als John Kirby, war schon lange vor der Entstehung des modernen Jazz ein angesehener Profi auf Tuba und Kontrabass, wie Kirby auf beiden Instrumenten gleichermaßen versiert, im Gegensatz zu diesem aber stets offen für neue Entwicklungen. Seine stilistische Vielseitigkeit ließ ihn mit so unterschiedlichen Musikern wie Louis Armstrong und Charlie Parker mitwirken und schließlich als Studiomusiker – auch für jazzfremde Produktionen – an der Westküste sesshaft werden.

1957 erschien auf Crown Records seine Langspielplatte „Red Callender Speaks Low", die ihn ausschließlich als Tubisten herausstellt, mit einer Combo aus Buddy Colette (Flöte, Klarinette), Vince DeRose (Waldhorn), Bill Bain (Gitarre), Red Mitchell (Bass) und Bill Douglas (Schlagzeug). Schon die Instrumentierung lässt erahnen, dass hier West Coast Jazz reinsten Wassers geboten wird. War dieser Stil schon zum Zeitpunkt des Erscheinens etwas aus der Mode gekommen, so zeigen sich heute seine Vor- und Nachteile umso deutlicher: Für eine sechsköpfige Combo ist der Anteil der – zugegebenermaßen recht raffiniert – ausarrangierten Passagen hoch, die Soloimprovisationen sind überschaubar und gehen oft unmerklich wieder ins Ensemble über. Der Ablauf der Stücke ist ähnlich; meist beginnt Callender mit dem ganzen oder halben Thema, das stimmungsvoll von den anderen Bläsern untermalt wird. Nach Soli der anderen Instrumente improvisiert Callender selbst dann noch einen halben Chorus. Die Tempi bewegen sich zwischen Ballade und Medium Swing. Erstaunlicherweise sind die Bonus-Tracks einer späteren CD-Edition am überzeugendsten, vor allem „The Lowest" und „Dedicated To The Blues". Letzteres ist weniger stark arrangiert, mehr eine Blowing-Nummer, in der Callender sich etwas freier bewegen darf und diese Chance wahrnimmt. Callender hat auf diesen Aufnahmen einen vollen und runden Ton. Insgesamt ist aber über seinen Stil zu sagen, dass er zwar sauber und sicher spielt, aber beim Improvisieren wenig Risiken eingeht. Er bleibt in seinen Phrasen meist in einer Lage, Vierteltriolen sind der charakteristische Notenwert, was vom Feeling her den Übergang in den Double Time erschwert und somit alles vereitelt, was in Richtung Bebop gehen könnte. Dass Callender tendenziell hinter dem Beat spielt, kann als normal für die Cooljazz-Ära angesehen werden. Dennoch vermittelt sein Spiel hier den Eindruck einer gewissen Steifheit und Behäbigkeit, die vor allem im Kontrast zu Colettes leichtfüßiger Flöte auffällt. Colette und Callender bzw. ihre Produzenten scheinen sich bewusst gewesen zu sein, dass die Möglichkeiten dieses Combo-Konzeptes nach einer LP bereits erschöpft waren.

Callenders Zusammenarbeit mit Buddy Colette trug auf Platten unter dessen Namen weitere Früchte, z.B. das Album „Jazz Loves Paris" von 1960, wo Callender im Combo-Format in den weitgehend ausarrangierten Passagen Tuba spielt, oder die ambitionierte LP „Polynesia" von 1962, mit einer weitgehend auskomponierten „Polynesian Suite", die stark in Richtung Third Stream tendiert und somit eine leise Vorahnung von dem ist, was Callender später mit dem Quintett von James Newton spielen sollte. Auf alle Fälle zeigt sich hier bereits, dass Callender um diese Zeit ein Tubist war, der für außergewöhnliche musikalische Einsätze zu gewinnen war und diese auch bravourös meisterte.

Bevor wir diese interessante Facette in Callenders Lebenswerk weiterverfolgen, muss allerdings eines besonderen Kuriosums gedacht werden, an dem Callender als Bassist und Tubist beteiligt war: Zwischen 1959 und 1962 spielten die „Kings Of Dixieland" in Hollywood acht (!) LPs mit so ziemlich dem gesamten kanonischen Repertoire des traditionellen Jazz ein. Für eine quantitativ derart aufwendige Produktion ist nur ein möglicher Grund denkbar: Mit der Entwicklung von HiFi-Anlagen für den Hausgebrauch entstand eine Klientel von Plattenkäufern, die nicht einsahen, warum sie auf ihren teuren Plattenspielern Aufnahmen in Schellackqualität anhören sollten. Wie schön wäre es also, wenn man die alten Gassenhauer endlich mal in richtig brillanter Klangqualität anhören könnte! Leider taten

Produzenten und Musiker hier noch ein Ihriges dazu und bemühten sich um eine besonders *cleane* Spielweise, durch die der raue Charme dieser Musik verloren geht.[34] Callender ist beispielsweise auf „My Wild Irish Rose", „Royal Garden Blues" und „South Rampart Street Parade" an der Tuba zu hören, allerdings nicht solistisch. Offensichtlich war der Job so gut bezahlt, dass er sich den Vorgaben der Produktion fügte und keine weitere Notwendigkeit zu kreativer Selbstverwirklichung sah.

Neben seiner Arbeit als Studiomusiker in den verschiedensten Stilrichtungen war Callender wegen seiner Kombination von Instrumentaltechnik, Blattspielfähigkeit, stilistischer Offenheit und Improvisationsvermögen dann plötzlich ab den 70er Jahren im Bereich einer gemäßigten Avantgarde bzw. beginnenden Postmoderne ein gefragter Tubist. Horace Tapscott, ein viel zu wenig beachteter Pianist, Komponist und Arrangeur an der Westküste, hatte schon in den 60er Jahren in seinen Arrangements für Sonny Criss eine Tuba vorgesehen und mit Ray Draper besetzt[35] und den Klang des Instrumentes denn auch für sein eigenes „Pan-African Peoples Arkestra" gewünscht. Für die Alben „Flight 17" (1978) und „The Call" (1979) zog er Red Callender hinzu. Freunde von modernerem großorchestralen Jazz sollten sich diese Mischung aus afrikanisch geprägter Rhythmik und impressionistischen Klangfarben nicht entgehen lassen, für Tubaspezialisten besonders interessant sein dürfte Callenders prominente Rolle im Zusammenspiel mit den anderen tiefen Instrumenten (Bassklarinette und Kontrabass) auf „Maui" vom Album „Flight 17".

Noch weiter in Richtung Avantgarde begab sich Callender 1981 auf der LP „Dauwhe" mit dem Oktett des Klarinettisten John Carter. Die Tuba wird hier vor allem in den ausnotierten kammermusikalischen Passagen eingesetzt, während in den freieren jazzigen Abschnitten der Kontrabass von Roberto Miranda in der tiefen Lage dominiert. Die Musik ist interessant, es sollte aber nicht verschwiegen werden, dass sowohl Carters

---

[34] Ich möchte hier keinesfalls dem Dilettantismus bei der Interpretation von traditionellem Jazz das Wort reden, aber die in diesem Buch erwähnten Musiker und Gruppen wie Chuck Martin, Tuba Fats Lacen oder Tuba Skinny vermitteln dem Zuhörer emotional viel mehr als die Produktionen der „Kings Of Dixieland".

[35] Weiteres dazu in Kapitel 7.

Kompositionsweise als auch sein Klarinettenspiel in der hohen Lage dem Zuhörer eine gewisse Geduld abverlangen.

1980 waren Red Callender und auch John Carter an einer ganz exquisiten Produktion im Grenzbereich zwischen Jazz und Kammermusik beteiligt: Der LP „The Mystery School (Music For Wind Quintet)" des Flötisten James Newton. Das Ensemble besteht aus Flöte (Newton), Klarinette (Carter), Oboe/Englischhorn (Charles Owens), Fagott (John Nunez) und Tuba (Callender). Es handelt sich also prinzipiell um ein klassisches Bläserquintett, bei dem nur das Waldhorn durch eine Tuba ersetzt ist. Im Unterschied zu vielen Produktionen des Third Stream haben wir also eine Besetzung, die erst gar keine Jazzerwartungen weckt. Umso befriedigender und überraschender ist dann das Hörerlebnis: Auskomponierte Ensemblepassagen, die nach Impressionismus und klassischer Moderne klingen, gehen über in solistische und kollektive Improvisationen und wieder zurück. Gerade diese fließenden Übergänge sind das, was die Qualität dieser Musik ausmacht. Red Callenders Aufgabe als Tubist in diesem Ensemble ist es nun, das Klangspektrum nach unten abzurunden, den manchmal spröden Holzbläserklängen eine gewisse Wärme entgegenzusetzen, aber auch gelegentlich eine jazzige Bassfunktion auszuüben. Für uns interessant ist natürlich ein unbegleitetes Tubasolo innerhalb der 16-minütigen Suite „The Wake". Callender spielt hier für einen Musiker seiner Generation erstaunlich modern, mit großen Tonsprüngen und Linien, die zumindest über die konventionelle Tonalität hinausgehen. Nach eineinhalb Minuten geht er in eine Art offen angelegten Walking Bass über, und Newton kommt mit swingenden, freitonalen Flötenlinien hinzu, bis die Tuba aussetzt und einem unbegleiteten Flötensolo Platz macht, in dem der Einfluss Eric Dolphys deutlich wird. Es ist eine Schande, dass diese großartige Musik nie wiederveröffentlicht worden ist.

6.2 Don Butterfield

Don Butterfield hat der Jazztuba Eleganz und Leichtigkeit verliehen. Seine akademische Ausbildung an der Juilliard School befähigte ihn zur Arbeit mit renommierten Sinfonieorchestern und in Studios.[36] In die Welt

---

[36] Vgl. https://en.wikipedia.org/wiki/Don_Butterfield.

der Jazzcombos wurde er von Gil Melle eingeführt. Melle war damals einer der durchaus originelleren und kreativeren Vertreter des Cool Jazz, ein swingender Solist auf dem Baritonsaxophon, vor allem aber ein Komponist mit einer Neigung, auch Combostücke durchzugestalten. Ähnlich wie bei den oben erwähnten Aufnahmen von Buddy Colette schlägt hier der Zeitgeist der Epoche durch, wonach im Jazz der improvisierte Anteil nicht zwangsläufig höher sein muss als der komponierte. Die Instrumentierung von Melles LP „5 Impressions Of Color" (1955) mit Baritonsaxophon, Gitarre, Tuba, Bass und Schlagzeug hat deutliche Ähnlichkeit mit der des Quintetts von Chico Hamilton, nur dass hier eben das Cello durch die Tuba ersetzt wird. Die Hauptfunktion des zusätzlichen Instrumentes besteht in beiden Gruppen darin, in den Ensemblepassagen kontrapunktische Gegenmelodien zu spielen und dem Gesamtsound einen ungewöhnlichen Charakter zu verleihen. Butterfield spielt auf der Platte bei „Royal Blue" und „Life Begins At Midnight" zwei hochvirtuose Soli, letzteres auch mit einem spektakulären Übergang in die hohe Lage, die aber doch weitgehend auskomponiert oder zumindest einstudiert wirken, vor allem, wenn man sie mit denen Melles oder des Gitarristen Joe Cinderella vergleicht. Das Album „Gil's Guests" aus dem folgenden Jahr rückt – unter anderem durch die Hinzunahme von Musikern wie Art Farmer, Kenny Dorham und Julius Watkins – vom Cool Jazz ab und hat Butterfield als Hauptsolisten bei der balladesken Nummer „Still Life". Hier zeigt er glaubwürdige Jazzimprovisation auf hohem technischen und schöpferischen Niveau. Lob gebührt dabei aber auch Melle für das Arrangement, das dem Tubisten viel Platz zum Spielen lässt und ihn nicht erdrückt.

1959 hören wir Butterfield erneut im Combokontext auf dem Quintettalbum „Top And Bottom Brass" von Clark Terry. Auch hier steht Butterfield beileibe nicht als gleichberechtigter Solist neben dem Leader, ist aber prominent in den Themen, wo er oft unisono zwei Oktaven unterhalb der Trompete spielt, fast schon eine Vorahnung der Experimente, die Terry acht Jahre später mit dem Varitone-Effekt machen sollte. „My Heart Belogs To Daddy" enthält einen Doppelchorus beider Bläser und bei „Mardi Gras Waltz" spielt Butterfield in seinem Solo ein Sammelsurium humoriger Zitate.[37] Es sind jedoch zwei Bluesstücke, in denen Butterfield seine Klasse

---

[37] Humor war bei Clark Terry nie verboten: Auf der vorliegenden Platte spielt er selbst auch einen Chorus nur auf dem Trompetenmundstück.

als Jazzimprovisator zeigt: „The Swinging Chemise", wo er nur von Klavier und Schlagzeug begleitet, also wie bei einem Kontrabasssolo spielt, und vor allem „127". Hierzu äußert sich Butterfield selbst in den Liner Notes:

At one time during the session, Clark remarked to me that he thought I was trying to play too „pretty" and that I should let loose and *wail*! I felt my solo here was the place for it...[38]

Es ist tatsächlich auf diese Weise Butterfields bestes mir bekanntes Solo entstanden. Man könnte meinen, dass er Terrys Halbventileffekte und *smears* spontan übernommen und in sein Spiel integriert hat. Insgesamt zeigt sich aber doch, dass vielleicht die oben gelobte Eleganz seines Spiels auch Symptom eines wenig ausgeprägten Bedürfnisses ist, sich in einem Jazzchorus wirklich kreativ auszudrücken und dabei Risiken einzugehen. Wohl deswegen hat sich dieser hervorragende Instrumentalist in seiner Karriere weitgehend auf die Interpretation notierter Musik beschränkt.

---

[38] Liner Notes zu „Top And Bottom Brass".

Ray Draper: Bekannter als die anderen genannten Tubisten der 50er Jahre, dennoch viel kritisiert, manchmal belächelt, mit Ja-aber-Argumenten rehabilitiert, mit biographischen Details, die die Legendenbildung befeuern. Niemand hätte über Don Butterfield oder Red Callender Diskussionen führen mögen, wie sie immer wieder über Ray Draper geführt wurden. Draper kann in die Kategorie der Rätselhaften, wie etwa Haasan Ibn Ali, eingereiht werden, aber auch in die der *whatifs* und *couldhavebeens,* wie z.B. Tony Fruscella oder Dupree Bolton unter den Trompetern. Was das Besondere, aber auch das teilweise Scheitern seines Lebenswerks ausmacht, ist die Agglomeration verschiedener Herausforderungen, mit denen Ray Draper konfrontiert war:

- Da wäre zunächst das jugendliche Alter zu nennen. Draper spielte seine berühmtesten Aufnahmen für renommierte Jazzlabel zwischen dem siebzehnten und neunzehnten Lebensjahr ein, war also damit noch deutlich jünger als Lee Morgan, das namhafteste Wunderkind der Ära.
- Im Gegensatz zu Lee Morgan, der direkt an eine bereits vorhandene Trompetentradition von Dizzy Gillespie und Clifford Brown anknüpfte, spielte Draper ein Instrument, das im Jazz aus der Mode gekommen war, mit Ressentiments behaftet war und allenfalls als Kuriosität betrachtet wurde. Er betrachtete sich kompromisslos als dem Hardbop zugehörig, so dass Rückgriffe auf irgendwelche anderen Traditionen seines Instrumentes unpassend gewesen wären.
- Mitmusiker dieser Zeit wussten teilweise nicht, wie man einen Tubasolisten begleiten soll, und auch für Aufnahmeingenieure war die Situation neuartig. Tatsächlich sind die maßgeblichen Platten auch noch Monoaufnahmen, was einen differenzierteren Klangeindruck der Ensembles beeinträchtigt
- Draper wurde in seinen jungen Jahren von seinen Leadern und Produzenten immer als vollwertiges Combomitglied mit Solobeiträgen in fast allen Titeln herausgestellt.

All das zeigt, dass er schon vom Ansatz her eine ganz andere Art von Jazztubist war als seine direkten Vorgänger: Red Callender hatte die Entwicklungslinie von John Kirby fortsetzen können, Bill Butterfield spielte die Tuba als ein *miscellaneous instrument*, das bei Bedarf von Bandleadern oder Produzenten angefordert wurde. Beide hatten ihr größtes Tätigkeitsfeld im Studiobereich, auch außerhalb des Jazzidioms.

Aus alledem wird klar, dass Ray Draper vom Ansatz her einen Künstlertyp repräsentiert, den es bis dahin unter den Tubisten noch nicht gab. Was er sich in seinem jugendlichen Alter vorgenommen hatte, bzw. was ihm von anderen abverlangt wurde, ist eine Herkulesaufgabe, ein Himmelfahrtskommando oder, vorsichtiger formuliert, die Quadratur des Kreises.

7.1 Die Aufnahmen mit Jackie McLean für Prestige

Laut Wikipedia hatte Draper schon seit 1956 in der Band von Jackie McLean gespielt, der ihn entdeckt hatte.[39] Anfang des folgenden Jahres, am 8. Februar 1957 nahm McLean den noch nicht Siebzehnjährigen für drei Stücke seines Albums „Jackie McLean & Co" mit ins Studio. Mit Bill Hardman, Trompete, Mal Waldron am Piano, Doug Watkins am Bass und dem Drummer Art Taylor ist die Band hochkarätig besetzt und erfüllt alle Erwartungen. Besonders interessant ist hier auch das Trompetenspiel Hardmans, der im Gegensatz zu den geschmeidigen Phrasierungen etwa von Donald Byrd oder Carmell Jones mehr die sprödere Seite von Clifford Browns Stil weiterführt. Ray Drapers Tuba spielt in den arrangierten Ensemblepassagen eine tragende Rolle, und hat auch in allen Titeln genügend solistische Freiräume. In Waldrons Komposition „Flickers" zeigt er im Thema leichte Intonations- und Artikulationsschwächen, steigt aber dann nach Bill Hardmans Chorus beherzt und selbstbewusst in sein Solo ein, reagiert gut auf die Stop-Beats in der Form und zeigt auch in sauber ausgeführte Double-Time-Passagen, dass er Dizzy Gillespie und Clifford Brown mit Verstand gehört hat. Das hätten in dieser Form Red Callender und Don Butterfield nicht riskiert, allerdings hätten sie sich auch keinerlei Schnitzer in der formalen Instrumentenbeherrschung erlaubt. „Help" ist eine Komposition von Doug Watkins, der hier hörbaren Spaß daran hat,

---

[39] Vgl. https://de.wikipedia.org/wiki/Ray_Draper.

für ein weiteres Instrument in der Basslage zu schreiben. Draper gelingt im Thema die Umspielung der Bassfigur überzeugend mit einem breiten Ton und sauberer Artikulation, in seinem Solo greift er am Anfang McLeans Schlussphrase auf und baut dann saubere, leicht stakkato gespielte Achtelphrasen auf, wagt auch Sechzehntelläufe und außerdem noch ein Zitat von „Jingle Bells". Im letzten Chorus scheinen ihm dann die Ideen auszugehen, dennoch gehört dieses Solo zu den überzeugendsten seiner Laufbahn. In seiner eigenen – übrigens wunderschönen – Komposition „Minor Dream" lässt Drapers Konzentration weiter nach: Es gibt viele Ton- und Phrasenwiederholungen, Kiekser und Schwankungen im Timing. Es kann nur spekuliert werden, ob der Rest des Albums aufgrund dieser Probleme in Quintettbesetzung ohne Tuba aufgenommen wurde.

Nichtsdestotrotz war eine ähnliche Besetzung, nun mit dem immer noch sechzehnjährigen Ray Draper als nominellem Leader, einen Monat später wieder im Studio für das Album „Tuba Sounds". Lediglich Bill Hardman wurde durch Webster Young ersetzt, der hier in die Künstlerriege des Prestige-Labels eingeführt werden sollte wie Draper vier Wochen zuvor. Spanky DeBrest, der auch weiterhin bei Draper den Bass spielen sollte, und Ben Dixon ersetzen Watkins und Taylor. Es muss hier einfach einmal gesagt werden, dass bei beiden Sessions sehr gute Hardbop-Platten entstanden sind, die den Vergleich mit bekannteren Alben der Ära nicht scheuen müssen. Im Gegenteil: Die Präsenz des Ausnahmeinstrumentes Tuba und die Notwendigkeit, dieses zu integrieren, führen stets zu interessanten Themenkompositionen und Arrangements. Es handelt sich also nicht um einfach hingespielte *blowing sessions.* Jackie McLean ist auf dem Höhepunkt seiner ersten Schaffensphase, spielt inspiriert und hat noch nicht den eher tenorsaxophonhaften Sound, der in den 60er Jahren für ihn charakteristisch wurde. Beide Trompeter sind – trotz ihrer weniger berühmten Namen – hochinteressante Stilisten, wobei Webster Young mit seiner verhaltenen Lyrik in einem Atemzug mit Art Farmer oder Kenny Dorham genannt werden kann. Mal Waldron überzeugt als Solist mit einer Spielweise, die sich schon damals vom gängigen Stil der Hardbop-Pianisten absetzte, und erweist sich als sensibler und aufmerksamer Begleiter, zum Beispiel bei „Mimi´s Interlude", Drapers eigener Komposition, bei dessen Solo er zunächst einmal ganz aussetzt. Womit wir bei Drapers eigenem solistischen Beitrag zur Platte wären. Gerade bei dem genannten Titel gelingt ihm ein motivisch gut durchkonstruiertes Solo. Das andere

Highlight – unter dem Aspekt des Tubaspiels betrachtet – ist die Ballade „You`re My Thrill", die primär als Feature für Webster Young gedacht ist, aber auch ein schönes Solo Drapers enthält, der hier mit vollem Ton in der tiefen Lage spielt; sicher das lyrischste Statement seiner ganzen Karriere. Bei den anderen Stücken soliert Draper gut, ohne aber das Niveau der genannten Titel zu erreichen. Festzuhalten aber ist, dass hier zwei Alben vorliegen, wo die Tuba im Kontext eine ansonsten ganz „normalen" Combo eingesetzt wird, während das Instrument bei Red Callender und Don Butterfield doch immer den Charakter einer Kuriosität nicht abstreifen kann.

7.2 Die Aufnahmen mit John Coltrane für Prestige

Einem großen Teil der Jazzfans dürfte Draper bekannt sein durch das Prestige-Album (ursprünglich auf dem Sublabel New Jazz) „The Ray Draper Quintet Featuring John Coltrane" (1957), später auch als „The John Coltrane / Ray Draper Quintet" wiederveröffentlicht, wodurch schon einmal klar werden dürfte, dass die Platte vor allem bei den Coltrane-Sammlern begehrt ist. Nicht ganz zu Unrecht, denn der Saxophonist präsentiert sich bei dieser Session in glänzender Form und liefert ausgezeichnete Beispiele seiner rasenden, oft als *sheets of sound* bezeichneten Tonkaskaden. Und Ray Draper selbst? Seine Kompositionen und Arrangements sind sehr ansprechend, als Solist scheint er gegenüber den vorhergehenden Aufnahmen wenig Fortschritte gemacht zu haben. Wir hören zwar ab und zu spektakuläre Läufe, die ein wenig Coltranes Spielweise aufzugreifen scheinen, ansonsten aber doch auch viele stakkato gespielte Achtelphrasen, die oft hinter dem Beat hängen. Das Problem des Kieksens und der unschönen Töne am Phrasenende bleibt ungelöst. Ein weiteres Problem ist, dass Draper größeren solistischen Freiraum hat als in den früheren Sextettbesetzungen, also längere Soli spielt, in denen ihm dann doch nicht so viel Neues einfällt. Ja, man möchte manchmal meinen, dass er selbst mit dem, was er spielt, nicht so ganz zufrieden ist und deswegen dann noch einen Chorus dranhängt, der aber dann auch nicht besser wird. Bei aller Kritik muss fairerweise angemerkt werden, dass es keine Schande ist, neben einem John Coltrane zu verblassen, der in jedem Solo immer schon im ersten Takt abhebt, um dann weiterzufliegen.

7.3 Die Aufnahmen für Jubilee

Es scheint, als ob die Leute von Prestige nach den genannten drei Platten in zwei Jahren das Interesse an Ray Draper schnell verloren hätten. Jedenfalls nahm er sein zweites Quintettalbum „A Tuba Jazz" mit John Coltrane für Jubilee – kein reines Jazzlabel – auf. Das reichlich alberne und geschmacklose Cover lässt erahnen, dass die Platte für die Produzenten nicht sonderlich wichtig war. Leider macht auch Coltranes Spiel hier den Eindruck eines Routinejobs, er improvisiert längst nicht so inspiriert wie auf den Prestige-Aufnahmen. Dafür zeigt sich hier Draper in besserer Form. Sein Ton ist schöner geworden, die Double-Time-Passagen gelingen überzeugender, und bei „Yesterdays" zeigt er im schnelleren Tempo erfreulich zügige Phrasierungen und griffige Artikulation, ohne zu schleppen. Gelungen sind auch Vortrag und Ausschmückung des Balladenthemas „Angel Eyes". Momente der Verlorenheit gibt es dann aber doch wieder bei seinen Chorussen in „Oleo" und „Essii's Dance", einer im übrigen sehr schönen Eigenkomposition im 3/4-Takt.

Ebenfalls auf Jubilee gab es dann 1959 noch eine Neuauflage des Jackie McLean Sextetts mit Ray Draper in ähnlicher Besetzung. Und wenn man einmal von dem vielen Hall absieht, der auf den Rillen liegt, zeigt das Album „Fat Jazz" Ray Draper in seiner besten Form. „Filide"[40] und „Two Sons" sind uns bereits vom ersten Album mit John Coltrane bekannt, aber Drapers Soli wirken nun flüssiger und pointierter. Die Ansprache- und Timingprobleme sind fast nicht mehr spürbar, die Intonation sauberer, die Phrasierung mehr legato. Lediglich bei „Tune Up" scheint Draper mit dem Tempo nicht klarzukommen. Dafür hören wir bei der Ballade „What Good Am I Without You" als neue Arrangementidee lange Haltetöne von der Tuba als Backing hinter dem Altsaxophonsolo und schließlich acht Takte Tubasolo über die Bridge vor dem Schlussthema. Tragisch ist, dass die reifsten Zeugnisse von Drapers Tubakunst dieser Phase auf solch einer unbekannten Platte eines zumindest im Jazz obskuren Labels zu hören sind; rätselhaft bleibt, was diese plötzliche Verbesserung bewirkt hat. Hat Draper hier im Studio bessere akustische Bedingungen vorgefunden, unter denen er sich selbst im Kontext der Band besser gehört hat? Oder hat

---

[40] Das Stück erscheint bei Ray Draper unter den Titeln „Filidé" und „Filidia". Das gleiche Thema kursiert auch als Komposition von Duke Jordan namens „No Problem".

er ein anderes Instrument benutzt und die riesige Bellfront-Tuba, mit der er auf dem berühmten Foto zu sehen ist, durch ein etwas schlankeres Horn ersetzt?

7.4 Im Max Roach Quintet

Zumindest spielt Draper auf einer seltenen Videoaufnahme[41] eine gerade Top-Action-Tuba englischer Bauart. In dieser Aufzeichnung einer Fernseh-sendung „The Stars Of Jazz" von 1958 ist er mit dem Quintett von Max Roach zu sehen. Von dieser Besetzung gibt es auch zwei Platten „Deeds, Not Words" und „Max Roach + 4 At Newport", die von Roachs Experimen-tierfreude mit einem pianolosen Quintett zeugen, großartige Soli von Boo-ker Little, George Coleman und vor allem Roach selbst enthalten, aber in Bezug auf Drapers Tubaspiel keine neuen Erkenntnisse bringen.

7.5 Die späten Jahre

Zehn Jahre nach seinem Einsatz für die Tuba im modernen Jazz und nach einer Haftstrafe wegen seiner Drogenprobleme[42] leistete Ray Draper er-neut Pionierarbeit und gründete – etwa gleichzeitig mit Blood Sweat & Tears und Chicago – eine der ersten Jazzrock-Bands, die 1969 unter dem Namen „Red Beans and Rice" eine LP aufnahm. Um es gleich zu sagen: Er ist hier mehr als Komponist und Sänger zu hören; auf dem Cover ist er außerdem auch als einer von zwei Posaunisten gelistet, wodurch nicht klar ist, ob ihm irgendwelche Soli zuzuschreiben sind. Stilistisch bewegt sich die Band im psychedelischen Rock der Zeit, garniert mit Bläsersätzen und Jazzsoli des Saxophonisten Richard Aplan. Auch Anklänge an den zur glei-chen Zeit aufkommenden Funk von „Sly & The Family Stone" sind spürbar. Vor allem „Gentle Old Sea", „Messing Around" und „If I Ever Wanna" sind gute Songs, von denen die ersten beiden auch Tubasoli von Draper

---

[41] https://www.youtube.com/watch?v=RQRTx3CZWCQ

[42] Die Informationen über diesen Abschnitt von Drapers Karriere folgen der Internet-seite https://newjazzunited.com/2011/03/03/ray-draper-quintet-terry-anne-1957/.

enthalten. Das in „Messing Around" ist rhythmisch gut mit Bass und Gitarre verzahnt. Hier scheint auch wieder Drapers alte Neigung zu Tonrepetitionen durch, die aber hier funky rhythmisiert werden. Ein bisschen Tuba hört man auch in der Intro zu dem alten Spiritual „Let My People Go". Die vielversprechende Band löste sich schnell auf, weil die Bandmitglieder verärgert waren, dass auf dem Cover nur Draper mit seiner Tuba abgebildet war.

Etwa um die gleiche Zeit war Draper mit Sonny Criss und Horace Tapscott – allerdings nur als Satzbläser einer zehnköpfigen Formation – für die hörenswerte Platte „Sonny´s Dream – The Birth Of The New Cool" im Studio. Wie der Untertitel vermuten lässt, ließ sich Tapscott bei seinen Arrangements vom Klang des Miles Davis Capitol Orchestra inspirieren, den er hier aber im Sinne des modalen Jazz der 60-er Jahre modernisierte.

Seine letzte mir bekannte Aufnahme machte Ray Draper 1975 in einem wiederum anderen Genre: dem zu diesem Zeitpunkt allerdings bereits durch vielerlei andere musikalische Stilelemente angereicherten Free Jazz von Archie Shepp auf dessen Album „There's A Trumpet In My Soul". Draper ist hier gelegentlich mit tiefen Tönen in den Arrangements hörbar und hat zwei kurze Soli, von denen das im Fade-Out der Titelnummer das überzeugendere ist.

Ray Draper wurde 1982 von einem Bankräuber erschossen.

7.6 Ray Drapers Bedeutung

Whatif und *couldhavebeen*? Was hätte aus Ray Draper – und in dieser Epoche aus der Jazztuba im Allgemeinen – werden können, wenn er mit seinem Debüt zwei Jahre gewartet hätte, weiter sein Instrument und die aktuellen Entwicklungen der Jazzszene verfolgt hätte? Was, wenn er Ensemblesituationen vorgefunden oder geschaffen hätte, in denen er nicht einfach die Rolle eines Trompeters oder Saxophonisten einzunehmen gehabt hätte? Diese Träume sollten wir immer im Kopf haben, wenn wir die Musik von Ray Draper hören. Angehende Jazztubist*innen sollten ihn nicht als unbedeutend abtun oder belächeln, sondern auch einmal versuchen, einen besseren Ray Draper zu verkörpern und zu realisieren. Diesen Respekt sind wir ihm schuldig, und manche seiner Stakkato-Phrasierungen und Sechzehntelläufe sind auch heute wirklich noch *state of the art*. Und weitaus mehr als seinen Vorgängern ging es Draper darum, sich als Vollblutjazzer zu etablieren, der eigene Platten aufnimmt, in jedem Stück ein langes Solo spielt und durch seine Spielweise etwas von seiner Persönlichkeit mitteilt.

7.7 Ray Drapers Zeitgenossen: Laymon Jackson und Slide Hampton

Ein Mann, dem es hätte gelingen können, der „bessere Ray Draper" zu werden, war **Laymon Jackson,** der um 1960 als Bassist mit einigen Hardbop-Größen aufnahm und tatsächlich auf Nat Adderleys Album „Much Brass" (1959) fast nur Tuba spielt und auf drei Stücken auch soliert. Um vorweg etwas zum Charakter des Albums zu sagen: Wir haben es mit einer hochkarätigen Rhythmusgruppe (Wynton Kelly, Sam Jones und Albert Heath) zu tun, die mit einer reinen Blechbläsergruppe aus Kornett (Nat Adderley), Posaune (Slide Hampton) und Tuba (Laymon Jackson) kombiniert wird. Slide Hampton ist wohl auch für die schönen Arrangements verantwortlich, die an die Musik seines etwa um die gleiche Zeit entstandenen eigenen Oktetts erinnern: Teilweise kontrapunktische Stimmführung im Stil des „Capitol Orchestra" von Miles Davis[43], dem Zeitgeist entsprechend im Stile des Soul Jazz. Jackson hat hier als exakter Satzbläser die gleichen Qualitäten wie Bill Barber oder Don Butterfield. Sein erstes Solo bei „Moving" (basierend auf den *rhythm changes*) erinnert etwas an Ray Draper. Jackson bleibt leicht hinter dem Beat, manche Phrasen wirken etwas einstudiert. Bei „Blue Brass Groove", einer gospelartigen Komposition im 6/8-Takt, verzichtet Jackson in seinem Solo weitgehend auf Stilelemente des Bebop und übernimmt den liedhaften Charakter des Themas, wodurch er zu einer schlüssigen und überzeugenden musikalischen Aussage kommt. Noch überzeugender sind seine zwei Chorusse bei „Accents", wiederum einer schnelleren Swingnummer. Die Schwerfälligkeit, die sich bei „Moving" gezeigt hat, ist hier wie weggeblasen. Jackson artikuliert hier mehr stakkato, was dem Solo mehr Griffigkeit und rhythmische Prägnanz verleiht, seine melodischen Erfindungen wirken pointierter, auch im zweiten Chorus, wo er sich gegen ein Backing der beiden anderen

---

[43] Dass auch „Israel" von Johnny Carisi auf der Setlist zu finden ist, macht diesen Bezug überdeutlich.

Bläser behaupten muss. Dass die anderen Solisten sich hier sämtlich auf der Höhe ihrer Schaffenskraft zeigen und hier also eine rundum empfehlenswerte Platte vorliegt, soll hier nicht verschwiegen werden. Im Übrigen spielt Jackson bei der ersten Nummer der Platte Kontrabass, Sam Jones Cello (ein Hobby, dem um diese Zeit auch Ron Carter und Doug Watkins nachgingen) und **Slide Hampton** selbst ist beim Thema mit ein paar Tönen auf der Tuba zu hören. Die einzigen mir bekannten weiteren Aufnahmen, wo der große Posaunist zur Tuba wechselt, befinden sich auf dem Album „Melba Liston And Her Bones": Er exponiert hier den Anfang vom „What's the Line Theme" solistisch und wechselt im Arrangement dann in die unterste Stimme des Satzes. Vor dem Schlussthema hat er einen Chorus auf der Tuba, der dieselbe Sauberkeit der musikalischen Ausführung und dasselbe Swingfeeling aufweist, die auch das Posaunispiel Hamptons auszeichnen. Allerdings bleibt er als Tubist doch auf der sicheren Seite und vermeidet hohe Lagen und schnelle Läufe. Der andere Titel mit Tuba ist die Ballade „The Dark Before Dawn", wo er vor allem in einer ausnotierten Unisono-Passage mit der Leaderin an der Posaune zu hören ist. Wenn Hampton seinem Nebeninstrument mehr Zuwendung erwiesen hätte, hätte er in diesem Buch sicher ein ausführliches Kapitel bekommen. In Anbetracht seines Lebenswerks als einer der ganz großen Posaunisten und wichtigen Arrangeure des Jazz wollen wir ihm aber für dieses Versäumnis keine Vorwürfe machen.

Mit diesem Kapitel sind wir an dem Punkt angekommen, wo für viele die ernstzunehmende Geschichte der Tuba im Jazz erst beginnt.

Dass die Tuba seit den 60er Jahren wieder an Bedeutung im Jazz gewinnt, ist Teil einer allgemeinen Entwicklung. Natürlich waren die Jazzharmonik, die Rhythmik und vor allem die Kunst der Improvisation durch den Bebop und den Hardbop vorangetrieben worden, im Bereich der Instrumentierung stellte sich aber doch ein ziemlicher Konformismus ein. Wie erwähnt, versuchten vor allem die Musiker des Cool bzw. West Coast Jazz diesem entgegenzuwirken, wurden von der Jazzöffentlichkeit aber weniger wahrgenommen. Der eigentliche Boom der neuen oder wiederentdeckten Jazzinstrumente begann damit erst in den 60er Jahren: Sopransaxophon, Violine, Cello, Flöte, Bassklarinette, Hammondorgel, kurz darauf die ganzen elektronischen Instrumente – und eben auch die Tuba.

In diesem Kapitel sind Musiker verschiedener damals aktueller Stile zusammengefasst, die in den 60er und 70er Jahren bekannt wurden und so den Jazz der letzten Jahrzehnte des 20. Jahrhunderts mitgestaltet haben. Manche davon stehen heute noch gleichberechtigt neben den in Kapitel 10 zu behandelnden Musikern; andererseits haben wir auch schon Ray Draper als Pionier der Fusion Music kennengelernt und das Spätwerk von Red Callender betrachtet, das stilistisch auch gut hierher gepasst hätte.

8.1 Howard Johnson und das Gravity-Umfeld

8.1.1 Howard Johnson

Howard Johnson ist in der allgemeinen Wahrnehmung *der* Tubist des modernen Jazz schlechthin. Diese Einschätzung beruht auf seiner technischen Virtuosität und improvisatorischen Kompetenz, aber ebenso auch auf seiner Tätigkeit als Arrangeur und Bandleader. So kann das über lange Jahre von ihm geleitete und gepflegte Ensemble „Gravity" als sein „erweitertes Ego" angesehen werden, das ihm, seinen Mitspielern und der Tuba überhaupt zusätzliche Popularität verschafft hat. Der 1941 geborene Johnson hatte bereits als Teenager Baritonsaxophon und Tuba gelernt, die

Tuba aber vorübergehend aufgegeben und bei Bill Dixon und Hank Crawford professionell Baritonsaxophon gespielt.[44] Nachdem er die Tuba 1963 wiederentdeckt hatte, machte er zwischen 1965 und 1967 gleich Aufnahmen mit wesentlichen Bandleadern der Epoche, nämlich Archie Shepp, Charles Mingus und McCoy Tyner.

Vor allem Archie Shepps Platte „Mama Too Tight" und Johnsons Spiel bei dieser Aufnahme sind einer genaueren Betrachtung wert. Gab es zuvor drei mögliche Rollen des Tubisten im Jazzensemble, nämlich als Bassist, als Satzbläser und als improvisierender Solist, so kommt mit dem Free Jazz noch eine weitere Möglichkeit hinzu, nämlich das Improvisieren in einem größeren Kollektiv. Dies wird vor allem im ersten Stück „Portrait Of Robert Johnson (As A Young Man)" deutlich, wo Johnson und die beiden Posaunisten Roswell Rudd und Grachan Moncur III den frei improvisierten Background für den im Vordergrund stehenden Shepp liefern. Seine schnellen Stakkato-Läufe, die den ganzen Tonumfang des Instrumentes ausnutzen, kontrastieren wirkungsvoll mit den knatternden Sounds der Posaunen. In der eingeschobenen Ballade „Prelude To A Kiss" spielt Johnson kontrapunktische Gegenmelodien zum Thema, und im polkaartigen Schlussteil der Suite bedient seine Tuba ausnahmsweise einmal traditionelle Klischees. Das Titelstück ist ein Boogaloo, wo Johnson zunächst die Bassfigur verdoppelt, sich dann aber, vor allem während der Soli von Moncur und Shepp, davon löst und freier ins musikalische Geschehen eingreift. „Theme For Ernie" ist eine weitgehend ausarrangierte Ballade; die Rolle von Johnsons Tuba erinnert hier an die, die Bill Barber seinerzeit im Nonett von Miles Davis spielte. Die Schlussnummer „Basheer" hat von allem etwas und ist mit ihrer Balance zwischen arrangierten und freien Passagen dialektisch betrachtet die Synthese aus dem Vorausgegangenen und der Höhepunkt der Platte. Insgesamt muss gesagt werden, dass Shepp hier genau wusste, warum er für diese Session eine Tuba, und vor allem die von Howard Johnson, einsetzte. Auf alle Fälle hat der Debütant hier die Herausforderungen souverän gemeistert und ein unübliches Instrument in einem damals noch neuen musikalischen Idiom sicher und auch in den ekstatischen Passagen mit bemerkenswerter Kontrolle eingesetzt.

---

[44] Vgl. https://de.wikipedia.org/wiki/Howard_Johnson.

In jeder Hinsicht konventioneller ist demgegenüber „Tender Moments" von McCoy Tyner aus dem folgenden Jahr. Interessant ist, dass die Instrumentierung des Nonetts fast genau der des Capitol Orchestra entspricht, nur dass statt des Baritonsaxophons hier das Tenor von Bennie Maupin zu hören ist und der Altsaxophonist James Spaulding mit der Flöte eine weitere Klangfarbe hinzufügt. Eine weitere – für uns bedauerliche – Übereinstimmung ist, dass Waldhorn und Tuba auch hier keine solistischen Freiräume erhalten, sondern nur im Ensemble zu hören sind. Wir hatten in der Kategorie „Modaler Jazz für mittelgroßes Ensemble" im Kapitel über Ray Draper bereits das etwa zeitgleich entstandene Album „Sonny's Dream" von Sonny Criss und Horace Tapscott kennengelernt. Im direkten Vergleich enthält dieses die interessanteren Arrangements; man muss aber auch feststellen, dass Johnson im Satz wesentlich sauberer spielt als Draper und beweist, dass er schon kurz nach seinem Auftauchen auf der Szene als Tubist für alle Fälle die erste Wahl war.

Gleiches gilt auch für seinen Einsatz bei der raren Aufnahme „Music Written for Monterey 1965, Not Heard... Played in Its Entirety at UCLA" von Charles Mingus. Der Newcomer Johnson hat hier in der Mingus-Band den Platz übernommen, den in früheren *large ensembles* des Bassisten die etablierten Altmeister Don Butterfield und Red Callender innehatten. Schon beim ersten Stück „Meditations On Inner Peace" übernimmt Johnson eine schlichte, aber essenzielle Rolle und ist der eigentliche Meditierer, indem er mit stoischer Ruhe über elf Minuten eine einzige Note als Orgelpunkt spielt, über dem Mingus dann seine leidenschaftlichen Melodien auf dem Streichbass spielen kann, worüber dann wiederum die Bläser, besonders eindrucksvoll Julius Watkins auf dem Waldhorn, solieren. Die Tuba hat hier also eine ähnliche Funktion wie die Tanpura der indischen Musik, eine Idee, auf die bis dahin niemand gekommen war. Allerdings haben wir es hier trotzdem mit Jazz zu tun, und der Tubaton wird rhythmisch phrasiert, wobei er durch die parallel geführte Schlagzeugfigur noch zusätzlichen *punch* erhält. Hier zeigt sich, wie umsichtig Mingus bei der Konzeption dieser Musik vorgegangen ist. Das Vorhandensein einer Tuba als Bassinstrument befreit Mingus aber auch noch in anderer Weise von seinen normalen Aufgaben als Bassist. Bei „They Trespass The Land Of The Sacred Sioux" spielt Johnson den Basspart der ausnotierten Stimmen des Arrangements, während Charles McPherson soliert und Mingus freies *comping* auf dem Klavier beisteuert. Auch bei „Once Upon A Time, There Was

A Holding Company Called Old America" muss Johnson hinter dem Klavier spielenden Bandleader Bass spielen, eine Rolle, in der er weniger überzeugt, vor allem wenn man bedenkt, dass Mingus als einer der bedeutendsten Bassisten überhaupt aus diesem modernen Jazzwalzer wesentlich mehr gemacht hätte. Sehr überzeugend ist demgegenüber „Muskrat Ramble", wo Johnson die Regeln des traditionellen Jazz zwar respektiert, aber doch sehr frei auslegt, indem er unter dem Trompetenchorus von Lonnie Hillyer quasi sein eigenes Solo spielt.

Parallel zu dieser Arbeit als Sideman hatte Johnson dann auch ziemlich bald Ambitionen als Leader und auch dies wiederum in einer höchst ungewöhnlichen Form: 1968 gründete er ein Ensemble mit mehreren Tubisten, das er zunächst „Substructure", ab 1972 dann „Gravity" nannte.[45] Da es ihm aber offensichtlich jahrelang nicht gelang, für diese Band einen Plattenvertrag zu bekommen[46], bot er das Quartett, dem außerdem Bob Stewart, Earl McIntyre und Joe Daley angehörten, dem Bluesmusiker Taj Mahal als *horn section* für zwei seiner Plattenproduktionen an. Der Stilmix aus ländlichem Blues und den verschiedensten afroamerikanischen Musikformen ist auch nach fünfzig Jahren noch hörenswert. Allerdings sind diese Aufnahmen nicht so aufschlussreich für den Klang des Tubaquartetts, da die Musiker auch ihre Nebeninstrumente wie Baritonsax, Flügelhorn und Posaune spielen, gut zu hören bei der Titelnummer des Albums „Happy Just To Be Like I Am" von 1971. Besser in die Band integriert sind die tiefen Bläser dann auf dem Live-Doppelalbum „The Real Thing" aus dem gleichen Jahr. „Sweet Mama Janisse" ist ein gutes Beispiel für den Einsatz der tiefen Blechinstrumente, ebenso „Big Knees Gal", wo die Tuben teilweise zur Verdopplung des E-Basses, aber auch im harmonischen Satz eingesetzt werden. Solistisch ist nur einmal Howard Johnson zu hören, und auch das nur auf dem Baritonsax („Ain't Gwine To Whistle Dixie"). Bei Mahals Folgealbum „Recycling The Blues" ist dann nur noch Johnson als einziger Tubist dabei. Das Konzept, das ganze Quartett als Modul in eine größere Band zu integrieren, bewährte sich aber nochmals auf der Platte „There Comes A Time" (1975) von Gil Evans, auf der Tom Malone, Johnson, Stewart und Daley für die Tubaparts und andere tiefen

---

[45] Vgl. http://www.hojotuba.com/bio.html.

[46] Vgl. https://taz.de/Die-Schwerkraft-ist-eine-Luege/!1465171/.

Bläserstimmen zuständig sind. Wenn man nun noch bedenkt, dass in der Folgezeit Johnson, Stewart und Daley im Wechsel den Tubastuhl in der Evans-Band innehatten, kann man annehmen, dass das ganze Projekt nicht nur als Band, sondern auch als Jobbörse funktionierte und dass Johnsons Engagement für die Tuba auch die Kollegen mit einbezog.

Über die Jahre hinweg hat Johnson bei zahlreichen Produktionen, auch außerhalb des engeren Jazzbereiches, seine Spuren hinterlassen. Oft ist seine Tuba aber dann nicht auf der ganzen Platte zu hören, sondern nur bei einzelnen Titeln, und nur selten solistisch. Für Jazzohren interessant sind unter anderem zwei Titel, die er mit Roland Kirk aufnahm: „The Seeker" von der LP „Rahsaan Rahsaan" (1970), wo er ab 4:10 ein vitales Bebop-Solo auf der Tuba spielt und später auch unter den Klavier- und Geigensoli Obligati bzw. eine zweite Basslinie improvisiert. Am Ende geht das Stück – typisch für Kirks Stileklektizismus – dann in den Two Beat Jazz über, natürlich mit Bassfiguren von der Tuba. Wir finden hier also ähnliche Strukturmerkmale wie bei der oben genannten Mingus-Session. Auf „The Return Of The 5000 Lb Man" (1976) ist Johnson bei drei Titeln gelistet, wirklich hörbar aber nur bei „There Will Never Be Another You", auch wieder mit einem mustergültigen Chorus im Bebop-Idiom. Hier ist er durchaus so etwas wie die Weiterentwicklung Ray Drapers, die wir uns in Kapitel 7 so gewünscht haben. Erwähnenswert ist noch Johnsons Mitwirkung auf dem frühen Fusion-Album „No Escaping It" (1970) des Trompeters Jimmy Owens, wo er auf Tuba und Baritonsaxophon die Unterstimme in den Arrangements spielt, aber auf dem Titel „Funk-A-De-Mama" ein leidenschaftliches Solo spielt und sich ebenso leidenschaftlich an der Kollektivimprovisation bei „Put It All Togetha" beteiligt.

1996 war es dann endlich so weit, dass von der Tubaband nach 28 Jahren endlich ein Debütalbum „Gravity!!!" erscheinen konnte, dann aber gleich auf dem renommierten Verve-Label. In der Zwischenzeit war unter anderem noch Dave Bargeron – neben Johnson wohl für ein breiteres Publikum die zweite große Tuba-Ikone – zum Kader gestoßen und die beiden teilen sich hier den Löwenanteil der Soli. Außerdem waren an den Tuben Marcus Rojas, Carl Kleinsteuber Tom Malone und Nedra Johnson sowie eine konventionelle Rhythmusgruppe aus Klavier, Bass und Schlagzeug dabei. Bei einem Blick auf die Titelliste fallen sofort bewährte Schlachtrösser wie „Yesterdays", „Stolen Moments" und „Round Midnight" sowie Hardbop-

Themen von Wynton Kelly und Jackie McLean auf. Damit sollte wohl – dem Image des Labels entsprechend – ein gewisses Entgegenkommen gegenüber einem konservativeren Jazzpublikum signalisiert werden, das „neue" Künstler ja gerne nach ihrer Fähigkeit, Standards zu interpretieren, taxiert. Insgesamt ist dies hier ein gelungenes Debüt. Johnson und Bargeron solieren auf höchstem Niveau, als kleiner Kritikpunkt könnten die Arabesken in den obersten Lagen des Instruments moniert werden, wo der Sound der Tuba doch dünn und obertonarm wird und seine blechige Wärme verliert. Unter dem Aspekt des Arrangements besonders hervorzuheben sind das volle, dynamikreiche Satzspiel der sechs Tuben bei „Stolen Moments" und das choralartige erste Thema bei „Yesterdays", dem ein von zwei Tuben unisono gespielter *shout chorus* folgt. „Be No Evil" ist ein gospelartiges Thema von Johnson, „Here Comes Sonny Man" und „Way ´Cross Georgia" zeigen das Ensemble von seiner poppigen Seite. Letzteres hatte Johnson 20 Jahre früher schon einmal für David Sanborn, seinen damaligen Kollegen aus der Band von Gil Evans, arrangiert. Bei der aktuellen Aufnahme legt er nun die Tuba ganz ab und spielt die Melodie auf der Pennywhistle, und auch das Backing ist mit drei Euphonien und zwei Tuben hier etwas heller instrumentiert. „Here Comes The Sunny Man" ist gefälliger Popjazz, allerdings mit einer fünfköpfigen elektrifizierten Rhythmusgruppe etwas überinstrumentiert. Grenzen des Machbaren zeigen sich auch bei dem Opener „Big Alice": Die komplexe Melodie und die gleichzeitigen Stakkatoriffs der Tuben in derselben tiefen Lage sind für das Ohr schwer zu differenzieren. Auch die Balance zwischen Tubasection und Rhythmusgruppe passt nicht immer.

Wenn ich „Gravity!!!" als vielversprechendes Debüt bezeichnet habe, muss ich gleich fortfahren, dass die Versprechungen mit dem schon im Jahr darauf erschienenen Folgealbum „Right Now" voll erfüllt wurden. Es featurt auf drei Titeln Taj Mahal, quasi nach einem Vierteljahrhundert Johnsons Gegeneinladung. Das wird deutlich beim zweiten Titel des Albums „It's Getting Harder To Survive", wo Johnson selbst in einer gesungenen langsamen Einleitung den Bluessänger ansagt. Bei dessen Einsatz geht die Band dann in einen funky gespielten Blues mit Clavinetklängen des Keyboarders Ray Chew über, gewürzt mit rockigen Backings der Tubasection. Diese ähneln durchaus dem, was die Bläser auf den erwähnten Platten von Mahal gespielt haben, klingen aber nun wesentlich ausgereifter. Johnson selbst hat hier auch ein spektakuläres Tubasolo mit Plunger. „Don't

Let The Sun Catch You Crying" besticht durch eine choralartige Einleitung des Tubaensembles, feine, unaufdringliche Backings hinter Mahals Bluesgesang und ein eher lyrisches Solo von Johnson. Bei „Fever" geht es wohl mehr um Taj Mahals leicht parodistische Interpretation des alten Popjazz-Schlagers. Interessant sind aber auch die Auswahl und die Interpretation der Instrumentalnummern. Die Sätze klingen insgesamt etwas schlanker und transparenter als auf „Gravity!!!". Der vorhin schon erwähnte dünne Klang der Tuben in der höchsten Lage wird nun auch im Satz eingesetzt, was an Muschelhörner erinnert und die Arrangements auf dieser Platte insgesamt farbenreicher macht. Johnson betätigt sich hier auch ausgiebiger mit seinen Zweit- und Drittinstrumenten. In dem Arrangement von Herbie Hancocks „Tell Me A Bedtime Story" legt sich seine Pennywhistle wundervoll auf ein weiches Bett aus Tubaklängen. Auf diesem zweiten Album setzt Johnson aber auch sein Baritonsaxophon im Kontrast zum Satzspiel der Tubisten ein, und zwar in der Ballade „Ma-Ma" und bei dem funkigen „Raggedy Man", das auch ein knackiges Solo von Bob Stewart enthält. „Svengali's Summer", das an „Summertime" von Miles Davis' „Porgy And Bess"-Album erinnert, fängt den impressionistischen Klangzauber des Gil Evans Orchestra ein. „Frame For The Blues" ist ein prachtvoll gesetztes Thema von Slide Hampton, das dann Raum schafft für Soli von Johnson, der hier länger in der tiefen und mittleren Lage bleibt, dem sonst selten solierenden McIntyre, der hier interessante Artikulationen mit Doppelzunge praktiziert und dem gewohnt souveränen Bargeron. Nicht zu vergessen ist natürlich die Titelnummer „Right Now", eine Komposition von Charles Tolliver, der als brillanter Trompeter des modalen Jazz nie seiner Bedeutung entsprechend beachtet wurde. Hier ist ein sehr flüssiges Solo von Johnson zu hören. Nach dem Klavierchorus soliert Bargeron, der hier vielleicht noch griffiger und dynamisch effektvoller improvisiert als der Leader.

Live auf der Bühne blieb Gravity in den folgenden zwei Jahrzehnten eine feste Größe. Eine Studioproduktion mit dem Titel „Testimony" gab es erst wieder 2017, nun nicht mehr bei Verve, sondern auf dem *minor label* Tuscarora. Die Platte übernimmt in vielerlei Hinsicht das Strickmuster von „Right Now". Wir haben auch hier wieder das Baritonsax-Feature („High Priest"), ein Stück für die Pennywhistle („Little Black Lucille"), eine Popnummer („Natural Woman"), einen gesungenen Blues („Working Hard For The Joneses"), diesmal mit Johnsons Tochter Nedra als Sängerin, und schließlich ein Funkstück mit einem Solo von Bob Stewart („Way Back Home"). Einen neuen Tubasound bringt die klassisch ausgebildete Velvet Brown ins Ensemble. Sie hat ihr Feature bei „Fly With The Wind", einer der lyrischeren Kompositionen von McCoy Tyner, wo sie auf der F-Tuba mit einem fast waldhornähnlichen Ton die Melodie spielt. Das Titelstück „Testimony" zeigt wieder einmal Johnsons Arrangementkünste in der Tradition von Gil Evans, sein Tubaton ist mit den Jahren eher noch reifer und reicher geworden. Auch wenn dieses Album keine wesentlichen Neuerungen gegenüber den Vorgängern aufweist, ist es doch noch einmal eine Bereicherung und Abrundung der Diskographie Howard Johnsons und seiner Band.

Johnson starb im Januar 2021. Seine Lebensleistung besteht nicht nur darin, am Instrument einer der Allerbesten seines Faches gewesen zu sein, sondern ebenso im unermüdlichen Einsatz für die Anerkennung der Tuba als Jazzinstrument. Die Förderung anderer Tubist*innen ist ein wesentlicher Teil dieses Engagements.

8.1.2 Bob Stewart

Wenn man von Howard Johnson als dem „Erfinder" der Tuba im neueren Jazz spricht, der den Weg gebahnt hat für eine breitere Akzeptanz des Instrumentes und damit für weitere Tubisten, dann muss man doch zugestehen, dass der vier Jahre jüngere **Bob Stewart** an dieser Mission schon frühzeitig mit beteiligt war und dabei zu einem Musiker heranreifte, der Johnson ebenbürtig, in mancher Hinsicht vielleicht sogar überlegen ist. Vor allem ist im Gegensatz zu Johnson, der sich mehr als Melodiespieler und Satzbläser profiliert hat, Stewart derjenige, der sich wieder darauf zurückbesinnt, was die Tuba ihrer Bestimmung nach ursprünglich war: Der Bass des Ensembles. Natürlich ist Johnsons Diskographie quantitativ umfangreicher, enthält aber doch viel Studioarbeit mit nur gelegentlichen Solobeiträgen. Stewart hat aber durch seine langjährige kreative und improvisatorische Zusammenarbeit mit Arthur Blythe und Lester Bowie, zwei stilprägenden Musikern der 80er und 90er Jahre, entscheidend zum Jazz der Epoche beigetragen, und auch seine eigene „First Line Band" war in dieser Zeit Stammgast auf vielen Festivals.

Blythe ist einer der Musiker, denen es gelang, das Erbe des Free Jazz durch Anleihen bei populären Musikformen, aber auch konventionelleren

Jazzstilen zu popularisieren, ohne dabei größere künstlerische Kompromisse einzugehen. Immerhin konnte er jahrelang seine Platten bei der Firma Columbia veröffentlichen, die ja keinen besonders großen Jazzkatalog hatte, sondern sich mehr auf die Vermarktung einzelner Stars beschränkte. Damit wurde aber auch Stewart als Sideman einem größeren Publikum bekannt. Der Tubist war von 1977 bis 1982 an fast[47] allen Einspielungen des Saxophonisten beteiligt, danach sporadisch bis 2003, außerdem bei vielen Live-Auftritten. Die Kombination von Blythes leuchtendem Altsaxophonsound und dem groovenden Blechbass von Stewart schafft eine Intensität, die auch in Triobesetzungen[48] keine weiteren Instrumente vermissen lässt. Vor allem ist der Tubist hier nicht nur der Bassist, sondern auch ein vollwertiger zweiter Bläsersolist. Oft sorgte in der Basslage noch der Cellist Abdul Wadud für zusätzliche Dichte, ähnlich wie Dave Holland in der noch zu besprechenden Quartettaufnahme von Sam Rivers mit Joe Daley. Die vielleicht interessanteste Einspielung ist „Lenox Avenue Breakdown" (1979), wo allerdings der Kontrabass von Cecil McBee die Hauptarbeit im Bassbereich leistet. Bob Stewarts Tuba ist besonders prominent im melodisch hochkomplexen Thema des Titelstücks, und er spielt dort auch ein sehr freitonales Solo, das tonlich an den rauen Approach von Ray Draper erinnert, aber technisch und improvisatorisch ein ganz anderes Level erreicht: Schnelle Läufe sind hier mehr als nur ein bloßer Effekt, der Tonumfang ist gewaltig. Abgesehen von der Tuba sind auf dieser Platte auch die Flötensoli – vielleicht seine jazzigsten – von James Newton und das damals neuartige Gitarrenspiel von James Blood Ulmer interessant.

Bob Stewart war zeit ihres Bestehens, also von 1982[49] bis zum Tode des Leaders im Jahre 1997 festes Mitglied von Lester Bowie's Brass Fantasy. In dieser neun- bis elfköpfigen Formation, die nur aus Blechblasinstrumenten und Schlagzeug bestand, mischten sich klanglich die traditionellen Brassband-Sounds mit den modernen Klangfarben eines Gil Evans, das Repertoire bot eine bunte Mischung aus Jazz, Latin und populären afroamerikanischen Musikformen. Dass in einer solchen Ensembleform der

---

[47] Ausnahme ist das Album „In The Tradition".

[48] Auf dem Livealbum „Spirits In The Field (1999) und bei zahlreichen Liveauftritten, die gut auf YouTube dokumentiert sind.

[49] Vgl. https://jazztimes.com/archives/the-brass-fantasies-of-lester-bowie/.

Anteil der ausnotierten Passagen höher ist, liegt auf der Hand, aber tatsächlich hat Stewart hier als Tubist in der Bassfunktion neben den jeweiligen Solisten die meisten improvisatorischen Freiheiten. Beispielhaft sei hier „Waterfall" von der CD „When The Spirit Returns" (1997) genannt, wo Stewart sich immer wieder von der Bassfigur des Themas löst und vor allem während des Waldhornsolos von Vincent Chancey Oktavsprünge und agile Sechzehntellinien einstreut, so dass er nicht als Begleiter, sondern als gleichberechtigter Mitspieler erscheint und nur am Mix erkennbar ist, dass Chancey der eigentliche Solist ist.

Ab 1988 nahm Stewart dann auch als Bandleader auf. Das Debutalbum „First Line" präsentiert ein hochkarätig besetztes Sextett, unter anderem mit Steve Turre an der Posaune und dem Gitarristen Kelvyn Bell, der mit Stewart schon bei Arthur Blythe zusammenarbeitete und dem Klang der Band einen Hauch von Free Funk verleiht. Die Basslinien des Leaders sind perfekt und stehen an keiner Stelle dem Walking Bass eines Kontrabasses oder dem *slapping* eines Fenders nach. Das Album hat aber auch seine lyrischen Seiten, vor allem „Sometimes I Feel Like A Motherless Child", wo Stewart die Melodie in *multiphonics* spielt. „Surinam" ist eine Hommage an die populäre afroamerikanische Musik des südamerikanischen Staates. In späteren Auflagen der Band wurde Kelvyn Bell durch den etwas konventioneller spielenden Jerome Harris ersetzt, der mithilfe eines Oktavgerätes bei den Solochorussen Stewarts seinerseits Basslinien spielen konnte. Mit verschiedenen Besetzungen präsentierte Stewart 1996 das Album „Then And Now". Neben Begegnungen mit seinem alten Partner Taj Mahal zeigt er auch hier seine lyrische Seite in der Ballade „You Don´t Know What Love Is", sensibel begleitet von Dave Burrell am Piano. Besonders gelungen ist auch „Law Years", eine Komposition von Ornette Coleman, wo die Tuba schön mit dem leuchtenden Altsaxophonklang von Carlos Ward korrespondiert. Eine neuere Entwicklung ist die Zusammenarbeit Stewarts mit seinem Geige spielenden Sohn Curtis Stewart, unter anderem dokumentiert durch ein Video von einem Gedenkkonzert für den 2017 verstorbenen Arthur Blythe[50] und Stewarts bislang letztes Album „Connections – Mind The Gap", wo eine verkleinerte Besetzung der First Line Band, wie der Titel schon andeutet, mit einem Streichquartett, in dem sein Sohn mitspielt, teils kontrastiert, teils kombiniert wird. Dass die

---

[50] https://www.youtube.com/watch?v=TeMA4mXa0pU

kammermusikalischen Kompositionen recht spröde klingen, auch wenn immer wieder Jazzimprovisationen integriert werden, verstärkt noch das offensichtlich beabsichtigte musikalische Wechselbad. Der eigentliche Star der Platte ist für mich Gitarrist Jerome Harris, der in allen stilistischen Umfeldern die passende Klangfarbe und den passenden Tonalitätsgrad findet und so die verschiedenen musikalischen Welten zusammenkittet.

8.1.3 Joe Daley

Joe **Daley** ist neben seinem Engagement bei Gravity vor allem durch seine Zusammenarbeit mit Sam Rivers bekannt geworden. Der 1923 geborene Rivers gehört vom Alter her eher zur frühen Bebop-Generation, erlangte aber erst in den 60er Jahren internationale Bekanntheit, als er für das Label Blue Note auf zahlreichen Platten mit modalem Hardbop und gemäßigtem Free Jazz mitwirkte und sich schließlich der Gruppe von Cecil Taylor anschloss. In den 70er Jahren war Rivers eine der Vaterfiguren der New Yorker Loft-Szene und damit des postmodernen Jazz. Hier begann nun auch die Zusammenarbeit von Rivers und Daley. Die Gruppe, die sich lakonisch „The Tuba Trio" nannte, bestand aus Rivers (Saxophone, Flöte, Piano), Daley (Tuba, Tenorhorn) und dem Schlagzeuger und Perkussionisten Warren Smith. Gründlich dokumentiert ist ihre Musik auf einer dreiteiligen Plattenserie mit dem Titel „Essence – The Heat And Warmth Of Free Jazz", einem Mitschnitt eines Konzertes in Amsterdam aus dem Jahr 1976. Am Anfang des Auftrittes stellen sich alle drei Musiker mit einer Soloimprovisation vor, und das „Instrumental Solo Of The Tuba" gehört hier nicht nur für Tubafans zu den besten Stücken. Daley improvisiert hier drei Minuten lang freitonal, beschränkt sich dabei aber auf die konventionellen Spieltechniken. Beeindruckend ist vor allem der Spannungsbogen vom lyrischen Spiel im unteren und mittleren Register hin zu rasenden Läufen in der hohen Lage. Im Übrigen hinterlassen diese Aufnahmen einen zwiespältigen Eindruck. Durch den rein improvisierten Charakter der Stücke wirkt doch vieles beliebig und bestätigt manche Negativklischees, die über den Free Jazz kursieren. Rivers selbst scheint die Sackgasse erkannt zu haben und gab in der Folgezeit seiner Musik wieder mehr Struktur. Ein ausgezeichnetes Beispiel ist das zwei Jahre später erschienene Quartettalbum „Waves", auf dem neben Rivers und Daley Dave Holland an Bass und Cello sowie der Schlagzeuger Thurman Barker mitwirken. Auch hier hat die Musik einen hohen Improvisationsanteil, aber es ist die

Kleinigkeit mehr an Planung und Absprache, die den Unterschied macht. Zu diesem Hörgenuss trägt auch das dichte Zusammenspiel von Holland und Daley in der unteren Lage bei, zumal nicht nur mit Tuba und Kontrabass der tiefe Bassbereich abgedeckt wird, sondern wahlweise mit Cello und Euphonium der höhere. Schlagzeuger Barker bereichert überdies die leiseren, kammermusikalischen Passagen wirkungsvoll durch sein Glockenspiel. In den 90er Jahren war Daley dann auch mit dem Euphonium bzw. Tenorhorn an den großorchestralen Projekten von Rivers beteiligt. Das alte „Tuba Trio" mit Warren Smith arbeitet nach Rivers' Tod mit dem Baritonsaxophonisten Scott Robinson, wie auf manchen YouTube-Videos zu sehen ist, weiter, ohne aber an die alte Intensität heranzukommen.

Im neuen Jahrhundert wirkt Daley außerhalb des eigentlichen Jazzbereichs in der Gruppe „Hazmat Modine"[51], die eine kurzweilige Mischung aus Blues, Folk, Jazz, Reggae und anderen Musikrichtungen spielt. Auch wenn diese Musik für Jazzpuristen vielleicht nicht ganz das Richtige ist, steht ihre musikalische Qualität außer Frage.

8.1.4 Marcus Rojas

Wie Bob Stewart mit Arthur Blythe und Joe Daley mit Sam Rivers, so war auch **Marcus Rojas** mit einem der maßgeblichen Saxophonisten der Epoche verbunden, nämlich mit Henry Threadgill in dessen Band „Very Very Circus", die zwischen 1991 und 1995 vier Alben aufnahm. Schon die Instrumentierung mit Threadgill selbst an Altsaxophon und Flöte, außerdem Posaune (auf den späteren Aufnahmen Waldhorn), zwei Gitarren, zwei Tuben – an Rojas´ Seite spielt außerdem noch **Edwin Rodriguez** – und Schlagzeug erinnert strukturell an Gruppen von Ornette Coleman, sowohl an das Doppelquartett von „Free Jazz" als auch an dessen elektrische Band, zumal die beiden elektrischen Gitarren hier im Kollektiv mehr melodisch als akkordisch agieren. Dennoch ist der komponierte Anteil höher als bei dem Free Funk von Coleman, die Musik ist ruhiger und der Klang trotz der teilweise liedhaften zirkushaften Themen dunkel, fast schon düster, was natürlich auch der Instrumentierung mit den zwei Tuben zuzuschreiben ist. Diese treten solistisch kaum hervor, schaffen aber im Bassbereich des Ensembles ein dichtes kontrapunktisches Geflecht und werden gelegentlich von dem Komponisten Threadgill auch prominenter

---

[51] Vgl. https://de.wikipedia.org/wiki/Hazmat_Modine.

eingesetzt, wie z.B. in der schönen Intro zu „Drivin' You Slow And Crazy" auf dem Debütalbum „Spirit Of Nuff... Nuff".

Mehr kann man von Rojas an der Seite des Bassisten Avishai Cohen auf dem Album „Falling With Grace" (1995) von „Plunge", einer Band des Posaunisten Mark McGrain, hören. Die oft funky gespielten Basslinien der beiden ergänzen sich ausgezeichnet, Rojas besticht sowohl durch den Einsatz von *multiphonics* als auch durch die Schönheit seines Tons bei konventioneller Spielweise.

Ein typisches Produkt aus dem Dunstkreis der New Yorker Knitting Factory war auch das Trio „Spanish Fly", in dem Rojas neben dem Trompeter Steven Bernstein und dem Gitarristen David Tronzo zu hören ist und das später oft noch durch einen Schlagzeuger zum Quartett erweitert wurde. Die Musik wirkt durch die oft gewollt skurrile Spielweise vor allem des Gitarristen heute schon etwas angestaubt.

Eine ungetrübte Freude ist dagegen das Album „Brass Bang" (2013) in einer reinen Blechbläserbesetzung mit Paolo Fresu und Steven Bernstein (Trompeten) und Giancarlo Petrella (Posaune). Die Mischung aus Experimentierfreude, Verwurzelung in der Tradition und ironischem Pathos erinnert an die Musizierhaltung von Lester Bowie. Rojas spielt in der Bassfunktion des schlagzeuglosen Quartetts eine wesentliche Rolle. Aus konventioneller Jazzsicht betrachtet, bestechen vor allem seine makellosen Walking-Basslinien bei „Black And Tan Fantasy" und „Fuga" sowie die Boogaloo- und Latin-Figuren bei „Rocking In Rhythm".

8.1.5 Dave Bargeron

Der – im wahrsten Sinne des Wortes – Rockstar unter den Helden dieses Buches ist **Dave Bargeron**. Er stieß 1971 – hauptsächlich als Posaunist – zu der bereits immens populären Jazzrockband „Blood, Sweat & Tears" und überraschte gleich auf dem ersten Album, bei dem er mitspielte, „B,S&T 4" beim ersten Stück, dem hart rockenden „Go Down Gamblin'", mit dem Einsatz seiner Tuba im Blechsatz, wo er hauptsächlich das Gitarrenriffs aufdoppelt und einem viertaktigen Solobreak. Auch bei „Cowboys And Indians" gibt die Tuba dem Satz zusätzliche Wucht und ist in der Coda mit *multiphonics* zu hören. Der eigentliche Durchbruch für den Tubisten Bargeron erfolgte fünf Jahre später mit dem Live-Doppelalbum „In

Concert", auch veröffentlicht unter dem aussagekräftigen Titel „Live And Improvised". In der Tat wurden die Songs der Band hier gegenüber den Studiofassungen häufig für längere Jazzimprovisationen geöffnet, wodurch das musikalische Potenzial der Bandmitglieder erst richtig deutlich wurde. Bargerons Bravourstück ist hier ein Tubasolo zwischen „And When I Die", einem alten Hit der Gruppe, und dem Blues „One Room Country Shack". Der Aufbau des Solos ist dramaturgisch gut durchdacht: Bargeron beginnt a capella mit einem rubato gespielten Abschnitt, in dem er für seine ausgehaltenen Pedaltöne Szenenapplaus erhält, und kommt dann in einen *funky groove*, worauf die Rhythmusgruppe hinzukommt. Seine Sechzehntelphrasierungen sind begeisternd, ein kurzes Zitat aus „Organ Grinder's Swing" fügt noch eine humoristische Note hinzu. Zwischendrin heizen die höheren Blasinstrumente mit einem Backing-Riff noch zusätzlich ein, bevor nach einem Break Bargeron wieder alleine spielt und in das Bluestempo des folgenden Songs überleitet. Der Applaus des Publikums spricht für sich. Selten hat es jemand geschafft, einem als altmodisch oder spießig verschrienen Instrument bei einem Millionenpublikum mit einem Schlag in so einer Weise ein neues Image zu verleihen. Bargeron blieb der Band, auch nachdem die Popularität ihrer Studioproduktionen nachließ, bis 1978 verbunden.

Neben dieser Arbeit und der mit Howard Johnson wirkte Bargeron im Jazzbereich unter anderem als Sideman bei Gil Evans, Jaco Pastorius und George Gruntz, bis er 2000 bei den Aufnahmen zu Rabih Abou-Khalils CD „The Cactus Of Knowledge" den 18 Jahre jüngeren, aus einer anderen musikalischen Welt stammenden Michel Godard kennenlernte. Die beiden gründeten mit dem Akkordeonisten Joe „Sunny" Barbato und dem renommierten Jazzdrummer Kenwood Dennard das Quartett „Tuba Tuba", das schon 2001 mit der gleichnamigen CD debütierte. Das Coverfoto der beiden lachenden Tubisten mit ihren Instrumenten verspricht nicht zu viel: Hier stimmt die Chemie, die Spielfreude ist deutlich spürbar, auch die experimentelleren, freieren Stücke vermitteln einen gesunden Humor. Manche der Titel sind über längere Strecken Duonummern, aber auch die Stücke in Quartettbesetzung vermitteln trotz der abenteuerlich erscheinenden Instrumentierung einen überzeugenden Ensembleklang. Dass die beiden Tubisten brillant solieren, versteht sich von selbst. Erwähnenswert sind Godards erfolgreicher Vorstoß in die Welt der Jazztradition bei „Donna

Lee", vor allem aber auch Bargerons eigene lyrische Stücke „Valencia", „Joanda" und „What I See In Your Eyes".

Das Folgealbum „Tubatubatu" ist nicht nur ein Aufguss von „Tuba Tuba". Es erweckt den Eindruck, als ob sich diesmal Godards weltmusikalischer und klassischer Background stärker durchgesetzt hätte. Der aus dem Umfeld von Abou Khalil stammende Akkordeonist Luciano Biondini spielt weniger jazzig als sein Vorgänger, und die kompositorischen Beiträge von Bargeron scheinen sich dem veränderten Idiom anzupassen. Die Kompositionen beider sind ansprechend, aber insgesamt wirkt die Musik weniger dicht und intensiv. Sehr gelungen ist „Kardamome", eine reine Duonummer der beiden Tubisten.

Jazzpublikum und -kritik haben Bargerons Werk angesichts seiner frühen Pop-Erfolge und seiner späteren Arbeit in den Diensten anderer Leader zu wenig wahrgenommen. Vielleicht war das für Bargeron der Grund, 2012 mit dem Album „B.R.A.V.O. Duets With Myself"[52] noch einmal ein Zeichen zu setzen und im Overdub-Verfahren seine überragenden Jazzkompetenzen auf Posaune, Tuba und auch Kontrabass unter Beweis zu stellen. Er hat hier die Möglichkeiten der Mehrspurtechnik nicht überstrapaziert, sondern alle Stücke als Duo Posaune/Tuba oder Posaune/Bass konzipiert. Titel wie „Cherokee" sowie die bereits auf „Tuba Tuba" gehörten „Giant Steps" und „Donna Lee" lassen erahnen, dass hier eine gewisse Leistungsschau geboten wird, aber insgesamt fällt Bargeron doch dem Hummelflug-Syndrom nicht zum Opfer, sondern bietet auf allen Instrumenten überzeugenden Vollblutjazz vom Feinsten.

8.1.6 Aus dem weiteren Umfeld der Band

Dass **Earl McIntyre** als eines der langjährigsten Mitglieder der Band hier nur am Rande genannt wird, liegt daran, dass er sich außerhalb von Gravity hauptsächlich als Bassposaunist und Arrangeur (u.a. für Lester Bowie's Brass Fantasy) einen Namen gemacht hat. Ähnliches gilt für den bemerkenswerten Multiinstrumentalisten **Tom Malone**, der ebenfalls auf

---

[52] Auch wenn das mehr für Posaunen- als für Tubafreunde interessant ist: „B.R.A.V.O." steht für „Bargeron Rapid Articulation Valve Option", eine Erfindung Bargerons, nämlich ein Ventil, das im Mundrohr der Posaune eingebaut wird und die Zunge des Bläsers bei der Artikulation unterstützt.

Gravity-Platten seine Spuren hinterlassen hat. Im Übrigen hat Howard Johnson im Satz immer eine *lead tuba* vorgesehen, die normalerweise keine solistischen Funktionen hat. Über Jahre hinweg saß auf diesem Stuhl **Carl Kleinsteuber** mit der F-Tuba, ein primär klassischer Musiker und auch selbst Instrumentenbauer[53], der sich in Konzerten auch gelegentlich mit feinen Jazzchorussen profilieren durfte.[54] 2003 übernahm die ebenfalls aus der Klassik stammende Tubistin **Velvet Brown** diese Position. Unter dem Titel „Lonnies Lament" ist ein reines Jazzalbum unter ihrem Namen angekündigt, aber bis dato noch nicht veröffentlicht.[55]

Auch Howard Johnsons Tochter **Nedra Johnson** war als Tubistin mit Gravity zu hören. Ansonsten ist sie neben Aktivitäten als Singer/Songwriter mit ihrer eigenen Frauenband „Nedra Johnson's Fat Bottom Girls" zu hören, die strukturell mit der Besetzung von vier bis fünf Tuben plus Rhythmusgruppe dem Muster von Gravity folgt, aber stilistisch näher am Rhythm&Blues ist, wobei der Shout-Gesang der Leaderin oft im Mittelpunkt steht. Vom Jazzstandpunkt aus gesehen sind von den vier weiteren Tubistinnen die auch hier wieder auftauchende Velvet Brown und **Chanell Crichlow** interessant. Letztere ist als Sidewoman bei verschiedenen Aufnahmen in den Stilrichtungen Hip-Hop und Funk zu hören[56] und tut vor allem als rege YouTuberin viel für die Popularisierung ihres Instruments. Nachdem jetzt endlich einmal Frauen im Buch vorkommen: Die Berlinerin **Bettina Wauschke** spielte 1996 in Burghausen als Aushilfe für Bob Stewart bei Gravity[57], leitet unter anderem die Frauen-Brassband „Venusbrass" und war auch an Aufnahmen mit dem European Tuba Quartet zu hören, womit wir schon zum nächsten Abschnitt überleiten können.

---

[53] Vgl. https://tuba.music.unt.edu/carl-kleinsteuber.
[54] Eigenes Konzerterlebnis 23.03.1996 Burghausen; wahrscheinlich stammt von ihm auch das dritte Tubasolo bei „Kelly Blue" auf dem Gravity!!!-Album, wo er nur als *ensemble lead* gelistet ist.
[55] Vgl. https://velvetuba.com/albums/lonnies-lament.
[56] https://www.discogs.com/artist/5545210-Chanell-Crichlow
[57] Vgl. Fußnote 51.

8.2 Pinguin Moschner und das European Tuba Quartet

Pinguin Moschner kann als der erste kompromisslose Voll-Avantgardist auf der Jazztuba angesehen werden. Auf der 1984 aufgenommenen Solo-LP „Tuba Love Story" präsentiert er ein eindrucksvolles Sammelsurium erweiterter Spieltechniken, vor allem auf der F-Tuba. Die Stücke sind Collagen aus konventionellem Tubaklang, natürlicher Singstimme, Singstimme durchs Instrument und Flatterzunge, oft unterstützt durch eine souveräne Beherrschung der Zirkularatmung. Zusätzlich ist die Tuba so umgebaut, dass über ein Ventil auf ein zweites Schallstück umgeschaltet werden kann, das mit einem Dämpfer versehen ist, wodurch in der Soloperformance auch duettartige Passagen möglich sind. Diese Platte ist aber weder reine Klangforschung noch spieltechnische Leistungsschau, sondern vitaler freier Jazz. Für ein Soloalbum ohne Overdubs ist die Musik extrem dicht, die Abwechslung von rasenden Läufen und eckigen, sprachähnlich artikulierten Passagen sowie die starken dynamischen Kontraste erhalten die Spannung in den Stücken aufrecht. Zu dieser Expressivität trägt auch bei, dass Moschners Tuba, wenn sie einmal konventionell ohne Verfremdungen gespielt wird, einen kraftvollen und jazzigen Sound hat. Natürlich besteht trotz allem bei improvisierter Musik immer die Gefahr einer gewissen Eintönigkeit, der Moschner mit drei Stücken von etwas speziellerem Charakter begegnet: Bei „Sax Machine" spielt er seine Tuba mit einem Saxophonmundstück. Damit erzeugt er Überblaslaute im Stile Peter Brötzmanns, vor allem aber klingt das Ganze teilweise auch wie ein Dialog aus Basssaxophon und Bassklarinette, wenn das erwähnte Umschaltventil eingesetzt wird. „Deep Throb" ist offensichtlich als einziges Stück mit der Bb-Tuba in einer Echokammer aufgenommen worden und enthält Klänge, über deren Entstehung allenfalls spekuliert werden kann. Andererseits vermittelt „Antarctic Love Song" eine etwas konventionellere Vorstellung von *groove.* Die Aufnahmen wurden übrigens im Kunstkopfverfahren erstellt. Wer die fast schon beängstigende Intensität dieser Musik in vollen Zügen genießen will, sollte die Platte mit Kopfhörer anhören.

Auf Moschners Initiative ist wohl auch die Gründung des „European Tuba Quartet" im Jahre 1981 zurückzuführen.[58] Auf der ersten LP „Heavy Metal Light Industry" (1987) spielen neben Moschner **Larry Fishkind, Melvin**

---

[58] Vgl. https://de.wikipedia.org/wiki/Pinguin_Moschner.

Poore und **Benoit Veridaz** die Tuben.[59] Im Vergleich mit späteren Aufnahmen wirkt hier vieles noch wie eine Art Rohbau. Das Spektrum des Klangmaterials und die in dieser Ensembleform möglichen Texturen werden ausgelotet, die musikalischen Ergebnisse wirken aber noch etwas beliebig. Das Stück „Brass Tax" ragt als freie Improvisation wegen seiner Dichte und Intensität heraus und wirkt wie eine Ensemblefassung der „Tuba Love Story".

Das für mich überzeugendste Album des Quartetts ist „Low And Behold" aus dem Jahr 1999. Neben Moschner und Fishkind sind hier die bereits erwähnte Bettina Wauschke und der noch ausführlicher zu behandelnde Carl Ludwig Hübsch beteiligt, und die kompositorischen Beiträge der beiden „Neuen" sorgen für Abwechslung und auch die schönsten Momente des Albums. Hübschs „Bird" schafft statische, meditative Klänge, die wie eine Mischung aus Didgeridoo und Obertongesang wirken. Ein ähnliches Kompositionskonzept liegt „Red Thread" zugrunde, wo auch gezielt Schwebungen durch die Haltetöne produziert werden. Strukturell ähnlich ist Moschners „Moving Clusters", das allerdings eine eher gruselige als harmonische Grundstimmung vermittelt. Musikalisch bewegter sind „Angels" (aus der Feder des Klarinettisten Perry Robinson) und „Material Girls" von Hübsch, wo die Instrumente mit einem mehr sprachähnlichen, schnatternden Duktus in Dialog treten. Ein Highlight ist auch „Desert Song" von Bettina Wauschke. Phasenweise dominieren hier gestalterische Mittel der Minimal Music, also repetitive Klangmuster und Phasenverschiebungen. Blasgeräusche werden sinnvoll in den Gesamtablauf integriert. Wenn die Tuben konventionell oder mit Dämpfer gespielt werden, klingen sie auch in einem traditionellen Sinne richtig schön.

2002 verwirklichte Moschner einen Kompositionsauftrag für ein „musikalisches Mahnmal für eine gerechte Weltwirtschaftsordnung"[60], das den Titel „Echo-Nomia 4.4" trägt und mit dem European Tuba Quartet in der Besetzung Moschner – Hübsch – Poore – Fishkind eingespielt wurde. Man ahnt, wie hier Chaos durch rücksichtslose, egoistische Konkurrenz und schließlich mehr Harmonie durch Zusammenwirken im Kollektiv dargestellt

---

[59] Angesichts des kollektiven Charakters dieser Musik ist es kaum möglich, die Einzelbeiträge der Spieler zuzuordnen und zu würdigen.

[60] Vgl. Booklet zur CD.

werden sollen. Der Rest der CD vermittelt den Eindruck, dass hier die 17-minütige Titelkomposition auf Albumlänge gestreckt werden soll. Die beiden längeren Stücke, „Hades B2" von Hübsch und „Accord" von Poore vermitteln eben doch nicht ganz den Charme der besten Titel des Vorgängeralbums. Erfreulich ist Fishkinds Arrangement des japanischen Volkslieds „Sakura". Hier variiert er die schlichte Melodie vor einem Hintergrund aus harmonisch gesetzten Multiphonics, und der Ensembleklang ist gewaltig und monumental. Nebenbei bemerkt ist diese auf 500 Exemplare limitierte CD ein künstlerisch liebevoll gestaltetes Sammlerstück.

Seit den 90er Jahren arbeitet Moschner außerdem mit dem Gitarristen Joe Sachse zusammen, dokumentiert auf den CDs „If 69 Was 96 – Play The Music Of Jimi Hendrix" (1994) und „Nevergreens" (1996) sowie zahlreichen YouTube-Videos bis hinein in die Gegenwart. „Nevergreens" gewinnt besonderen Reiz durch die Mitwirkung der Sängerin Maggie Nichols, die in diesen musikalischen Collagen die Songs der Beat- und Rockära expressiv interpretiert, aber sich stimmlich auch als gleichberechtigte Improvisatorin des Free Jazz profiliert.

8.3 Dietrich Unkrodt

1987 spielten in der DDR der im Free Jazz und der Improvisationsmusik beheimatete Pianist Hannes Zerbe und der hauptsächlich im Bereich der ernsten Musik aktive Tubist **Dietrich Unkrodt** ein Duoalbum für das Amiga-Label ein. Unkrodt setzt hier im improvisierten Kontext Spieltechniken aus der Neuen Musik, z.B. Flatterzunge, ein, spielt im Kampf gegen die Tonalität rasende chromatische Läufe und große Intervallsprünge und lässt einzelne Töne überraschend herausknallen, all das mit einer souveränen technischen Kontrolle des Instruments. Kammermusikalische Seriosität und die Expressivität des Free Jazz gehen eine fruchtbare Verbindung ein.

8.4 Wolfgang „Eddie" Greiser

Die Jazzrock- und Fusion-Musik der 70er Jahre wurde im Zusammenhang mit Dave Bargeron schon erwähnt. Dass in dieser weitgehend von elektrischen Klängen geprägten Periode für ein Instrument wie die Tuba kaum Platz war, liegt auf der Hand. Wichtiger war damals der Übergang vom Kontrabass zum E-Bass.[61] Ein kleines Ausnahmebeispiel ist ausgerechnet auch hier in der Jazzszene der damaligen DDR zu finden: Das Album „Kombination" vom Günther Fischer-Quintett (sic) aus dem Jahr 1978. **Wolfgang „Eddie" Greiser** spielt in der Combo, die sich deutlich an Bands wie Weather Report oder Passport orientiert, normalerweise E-Bass. Im ersten, langsamen Teil des Titels „Eisblumen" aber besticht er mit einem wunderschönen, ebenso lyrischen wie virtuosen Tubasolo. Man kann beklagen, dass Greiser nicht mehr mit der Tuba aufgenommen hat, oder sich einfach an dieser Rarität erfreuen.

8.5 Kirk Joseph und die Brassband-Szene in New Orleans

Kirk Joseph ist ein Tubist – genau genommen reiner Sousaphonist – von überragender Bedeutung, der nur schwer in irgendwelche Systematiken einzuordnen ist. Nur elf Jahre jünger als Tuba Fats und erklärtermaßen von diesem beeinflusst und in der Brassband-Tradition seiner Heimatstadt verwurzelt, hätte er auch einen Platz im nächsten Kapitel bekommen können. Andererseits fällt die Popularität der „Dirty Dozen Brass Band" eben in die 80er Jahre, also die Zeit, als Gravity und die verschiedenen Ensembles, in denen Bob Stewart spielte, ihre Blütezeit hatten. Und schließlich kann Joseph mit seiner Affinität zu Funk und Hip Hop durchaus auch in einem Atemzug mit dem noch vorzustellenden Theon Cross genannt werden.

Die geringe Beachtung Josephs in puristischen Jazzkreisen und seine Bekanntheit bei einem weiteren Publikum haben einen gemeinsamen Grund, nämlich eben seine über viele Jahre loyale Mitgliedschaft in der DDBB. Diese Band war der Prototyp der modernen Brass Band in New Orleans

---

[61] Gerade die damals von den E-Bassisten entwickelten Spieltechniken waren aber dann vorbildhaft für das, was heutige Tubisten in zeitgenössischen Brass Bands spielen.

und löste, nachdem dieses Ensembleformat in der Stadt unpopulär geworden war[62], einen neuen Boom aus, der bald überregional beachtet wurde.
Die Instrumentierung mit ein bis zwei Trompeten, zwei Saxophonen[63], Posaune, Tuba, kleiner und großer Trommel – also marschkompatiblem
Schlagwerk – wurde schnell Standard für weitere Bands. Im Laufe der Zeit
trat die Band aus personellen Gründen[64], aber wohl auch bedingt durch
den höheren Anteil an konzertanten Auftritten und das Bedürfnis nach
mehr stilistischer Flexibilität auch häufiger mit konventionellem Drumset
auf.

Aber zurück zu den Anfängen: Das Debütalbum „My Feet Can't Fail Me
Now" enthält viele Stücke mit dem calypsoartigen eintaktigen Rhyth-
muspattern, das in Soundbibliotheken „Second Line" genannt wird und
zum Markenzeichen und leider schnell auch zum Klischee des Genres
wurde. Eine größere stilistische Offenheit zeigt sich aber bereits hier durch
die Hereinnahme von drei Titeln des moderneren Jazzrepertoires, nämlich
„Bongo Beep", „Caravan" und „Blue Monk". Letzteres ist unter dem Aspekt
des Tubaspiels besonders interessant. Joseph beginnt beim Thema mit
einer konventionellen 12/8-Bassfigur und geht dann in einen legato gespielten Walking Bass ohne merkliche Atempausen über, der die ganze
Band wunderbar trägt.

1991 stiegen Kirk Joseph und sein Posaune spielender Bruder Charles,
offensichtlich wegen des Tourneestresses[65] bei der DDBB aus und sollten
sich ihr erst um 2004 wieder anschließen. Daheim in New Orleans spielte
Joseph unter anderem mit der mehr traditionell ausgerichteten „Tremè
Brass Band". Aus dem Jahre 1995 liegt eine CD „Gimme My Money Back"
vor, die vom Niveau allerdings deutlich hinter der DDBB zurückbleibt. Offensichtlich hatten die Produzenten des mehr folkloreaffinen Labels Ar-
hoolie keine so hohen Ansprüche an die Intonation, in der musikalischen
Textur fällt das Fehlen von Harmonieinstrumenten mehr ins Gewicht als
bei der DDBB, wo mehr arrangierte Backings gespielt werden. Joseph ist

---

[62] Vgl. https://de.wikipedia.org/wiki/Dirty_Dozen_Brass_Band.

[63] Man beachte den klanglichen Unterschied zu der in Kapitel 3.6 besprochenen Brass
Band von Bunk Johnson, in der die Klarinette das einzige Holzblasinstrument ist und die
Mittellage durch Alt- und Tenorhörner ausgefüllt wird.

[64] Vgl. https://de.wikipedia.org/wiki/Dirty_Dozen_Brass_Band.

[65] Vgl. ebd.

bei den fünf Titeln[66] des Albums, bei denen er mitspielt, also in der Rhythmusgruppe neben den beiden Marschtrommeln über weite Strecken auf sich gestellt. Er spielt seine Rolle allerdings mit der gewohnten Souveränität, und wer seine Spielweise genauer erforschen will, hat hier die Möglichkeit dazu.

Eine beispielhafte Platte für die spätere Phase der DDBB nach dem Wiedereinstieg von Joseph ist „What's Going On" von 2006, die Bearbeitungen von Titeln des gleichnamigen Albums von Marvin Gaye enthält. Wie das Coverfoto nahelegt, entstand sie unter dem Eindruck des Wirbelsturms Katrina und ist neben ihrer musikalischen Bedeutung auch eine Manifestation des unbeugsamen Überlebenswillens der New Orleanser. Aber zurück zur Musik: Die Band ist hier also in ihrer modernisierten Instrumentierung mit Drumset und Gitarre, teilweise auch Keyboard zu hören, als Gäste wirken verschiedene Sänger*innen und Rapper mit. Joseph tritt hier kein leichtes Erbe an, da ja bei der Originalaufnahme der legendäre E-Bassist Jamie Jamerson für die tiefen Töne zuständig war. Wie bravourös Joseph diese Herausforderung meistert, wird vor allem bei „God Is Love" deutlich. Hier imitiert er die für Jamerson charakteristischen wuselnden Gegenlinien, die über die in der Soulmusik damals üblichen Patterns weit hinausgingen. Und da ist natürlich auch noch die berühmte Bassfigur von „Inner City Blues", die auf Josephs Sousaphon auch schön klingt. Im Laufe des Stückes transponiert er dieses Pattern dann eine Oktave nach oben, und wie hier seine geschmeidige Legatophrasierung gewissermaßen über der Time schwebt, muss man gehört haben. Natürlich drängt sich hier wegen der stilistischen Verwandtschaft ein Vergleich mit „Lester Bowie´s Brass Fantasy" auf, die wir in Zusammenhang mit Bob Stewart betrachtet haben. Was zunächst einmal die Tuba anbelangt, ist Josephs Sound natürlicher, „akustischer" als der von Stewart. Die Arrangements und der Ensemblesound der DDBB sind schlichter und weniger *sophisticated* als die der Brass Fantasy. Störend ist gelegentlich der recht kratzige Sound der Saxophone, der sich schlecht mit den Blechbläsern mischt. Dennoch muss gesagt werden, dass mit diesem Album die DDBB den Beigeschmack lokaler Folklore weit hinter sich gelassen hat.

---

[66] Die andere Hälfte besteht aus einem Live-Mitschnitt, wo die Band mit japanischen Touristen jammt und Jeffrey Hills an der Tuba zu hören ist.

Als uneingeschränkt gelungen kann man die CD „Sousafunk Ave" von Josephs eigener Band „Backyard Groove" bezeichnen, wo er sich von allem befreit, was man boshaft als New-Orleans-Provinzialismus bezeichnen könnte. Hier umgibt er sich mit einer Besetzung aus Drumset, Percussion, zwei elektrischen Gitarren, Gesang bzw. Rap und Bläsersätzen aus Trompete, Saxophon und gelegentlich Posaune. Wer nun eine Standard-Funkband erwartet, bei der lediglich der E-Bass durch eine Tuba ersetzt wird, liegt im Ansatz richtig. Innerhalb dieses Idioms wird hier aber ein breites stilistisches Spektrum abgedeckt. Die Band verarbeitet Einflüsse verschiedenster afroamerikanischer und populärer Musikformen, und man fühlt sich manchmal an Pee Wee Ellis, Blood Sweat & Tears, Osibisa, die Produktionen der Mizell Brothers für Blue Note oder an Isaac Hayes erinnert. Direkte Spuren der Marching Bands aus New Orleans sind nur am Anfang von „Black Out" auszumachen, aber irgendwie ist es wohl doch die musikantische Kraft der *crescent city*, die diese Musik über stilistisch vergleichbare Produktionen heraushebt. Dazu gehören auch eine gesunde Portion Humor und überhaupt ein positives menschliches Grundgefühl, das bemerkenswert ist, zumal auch diese Platte kurz nach der Naturkatastrophe entstand. Außerdem interessant: Obwohl Joseph hier als ausgewiesener Bandleader fungiert, soliert er nicht, sondern beschränkt sich auf seine unterstützende Rolle in der Rhythmusgruppe. Die aber erfüllt er in begeisternder Weise. Bei der Titelnummer „Backyard Groove" brilliert er mit einem „chicken"-artigen Pattern, die Basslinie von „A Walker´s Groove" ist rhythmisch besonders verzwickt und vieldeutig. Die transparentere Textur des Reggae-Rhythmus von „No Meat" gibt Joseph die Möglichkeit, sich in der Begleitung mehr hervorzutun und auch virtuose Ausflüge in die oberen Lagen des Instruments zu unternehmen. Nachdem schon die Funk-Stücke von Tempo und Charakter sehr vielfältig sind, tut Joseph noch ein weiteres und rundet das Repertoire mit einer klassischen Jazzballade, in diesem Falle „I Can´t Get Started", ab. Die Band ist hier auf ein Quartett reduziert, neben Joseph und dem regulären Schlagzeuger Kevin O'Green wirken der Saxophonist Donald Harrison und Dr. John als Pianist und Sänger mit, der ja für seine Wurzeln in der Bluesmusik der Südstaaten bekannt geworden ist, während seine Jazzkompetenz oft weniger beachtet wurde. Dieses Stück ist ein Kleinod, und Josephs butterweich gespielte Basslinien tun das Ihre dazu, vor allem, wenn er das vorherrschende triolische Grundfeeling durchbricht und auf gerade Achtel wechselt. Die Kontinuität der neueren

New Orleanser Tubatradition wird hier überdeutlich, wenn man bedenkt, dass hinsichtlich der Struktur und Spielweise viel Ähnlichkeit mit den Combo-Aufnahmen von Tuba Fats Lacen besteht. Eine Videoaufzeichnung eines ganzen Konzertes der Band findet sich bei YouTube.[67] Hier benutzt Johnson für seine Basslinien auch elektronische Effekte. Am „modernsten" und „elektrischsten" zeigt Joseph sich allerdings in einem Video[68], das ein Sousaphonsolo aus einem Konzert mit John Medeski enthält. Berücksichtigt man, wie selten Joseph überhaupt Solo spielt, ist dies schon eine kleine Sensation. Wenn auch Puristen seinen akustischen Sound vorziehen werden, muss doch gesagt werden, dass ein so zeitgenössischer Spieler wie Theon Cross daneben gar nicht mehr so innovativ dasteht.

Für Hardcore-Tubafreaks gibt es dort übrigens auch Aufnahmen aus dem Jahr 2008 einer Band „Souzapalooza"[69] und von 2013 unter dem Bandnamen „Tuba Tuba" um Kirk Joseph, wo man dann die Kombination von sieben Sousaphonen, Gitarre und Schlagzeug bestaunen kann[70]. Die Klangqualität dieser Aufnahmen ist allerdings mäßig; ob diese Projekte weiterverfolgt wurden, ist mir nicht bekannt.

Worin bestehen aber nun Kirk Josephs Qualitäten als Tubist? Da ist zunächst einmal seine kraftvolle Physis. Eine derartige Puste und Kondition kann nur jemand haben, der seine prägenden Jahre ohne Mikrophonierung beim Spielen unter freiem Himmel verbracht hat. Natürlich ist das rein physische Atemvolumen nur die Hälfte wert, wenn nicht wie bei Joseph die technische Atemkontrolle hinzukommt. Nun kann man einwenden, dass alle Sousaphonisten in Brassbands diese Eigenschaften aufweisen müssen. Was aber bei Joseph noch hinzukommt, ist, dass bei ihm einfach jeder Ton schön klingt. Es gibt bei ihm kein Kieksen und keinen blechigen Beigeschmack. Sein Ton ist voll, dunkel und rund, wenn er in der unteren Lage die Grundpatterns spielt, fast schon lyrisch bei den Überleitungsphrasen im höheren Register. Er hat die Fähigkeit, geblasene Töne mit der Exaktheit einer gezupften Basssaite zu artikulieren, und tut dies stets mit perfektem Timing. Seine stilistische Bandbreite hat sich im Laufe

---

[67] https://www.youtube.com/watch?v=MudHi64qJ34

[68] https://www.youtube.com/watch?v=u6_3KI0Ex6I

[69] https://www.youtube.com/watch?v=STDWdHtmO-E

[70] https://www.youtube.com/watch?v=7ypzM9vFT2Y und
https://www.youtube.com/watch?v=jsbzPF_UhKo

der Jahrzehnte eher noch vergrößert, die vornehme Bescheidenheit, mit der er früher auf Soloimprovisationen verzichtet hat, hat er zumindest teilweise abgelegt.

In New Orleans – und später auch anderswo – profitierten mehr traditionell ausgerichtete Bands wie die „(Young) Olympia Brass Band" von der wieder erwachten Popularität des Ensembleformates, vor allem aber wurde eine jüngere Generation von Spielern ermutigt, diese Tradition aufrechtzuerhalten und weiterzuentwickeln. Die erste von diesen Gruppen war wohl die „Rebirth Brass Band" um den Tubisten **Phil Frazier**. Frazier spielt im Vergleich zu Joseph mit einem lauteren, vergleichsweise roheren Ton. Dem Second-Line-Rhythmus, der vielen Stücken der Band zugrundeliegt, verleiht er dadurch viel Energie und Drive, der Ensembleklang ist wilder, was aber nicht darüber hinwegtäuschen darf, dass hier durchdachte Arrangements gespielt werden. Aus der Fülle ähnlicher und im Sinne der Fusion mit Hiphop und Reggae-Elementen noch modernerer Bands seien hier nur noch die „Great 8 Brass Band" und „Shamarr Allen and the Underdawgs" genannt.

9 Brillante Traditionalisten unserer Zeit

Im folgenden Kapitel sollen Musiker vorgestellt werden, die primär im Idiom des traditionellen Jazz und des Swing tätig sind. Warum ist es nun interessant, sich mit diesen Traditionalisten auseinanderzusetzen? Seit dem Dixieland-Revival der 40er und 50er Jahre gibt es in diesem Stilbereich viele Auftrittsmöglichkeiten für Tubisten. Wenn nun darunter auch technisch und künstlerisch ambitioniertere Spieler sind, werden sie versuchen, ihr Können auch in diesem Stilbereich zu verwirklichen. Und schon entsteht etwas Neues, was über museale historische Aufführungspraxis und derben Biergartenjazz hinausgeht. Diese Leute machen Musik von heute, weil sie Menschen von heute sind und ganz andere Hörerfahrungen und Musizierhaltungen einbringen als die Vorbilder vor 100 Jahren. In ganz besonderem Maße gilt dies für die Tuba, die ja, wie wir gesehen haben, auf den alten Platten nur höchst selten solistisch hervortrat. Heutige Tubist*innen sind selbstbewusst und sehen nicht ein, warum nur die höheren Blasinstrumente ihre Gelegenheit zum Solo bekommen sollen. Und damit sind wir an einem spannenden Punkt: Während die Musizierenden auf der Trompete oder der Klarinette die Möglichkeit haben, Louis Armstrong, Bunk Johnson, George Lewis oder Johnny Dodds als Vorbild zu erwählen und die Hörerwartung des Publikums auch auf deren Stilistiken gerichtet ist, hat man heute auf der Tuba im traditionellen Jazz alle erdenklichen Möglichkeiten zur Melodiegestaltung im Solo. Aber auch die Begleitfunktion bietet Chancen: Wenn in der Band das *timekeeping* ohnehin schon vom Banjo oder Stride-Piano mit übernommen wird, kann die Tuba auch gelegentlich aus dem Begleitpattern ausbrechen und sich in das Spiel der *melody section* einmischen, bietet also eigentlich mehr kreative Möglichkeiten als der Kontrabass in einer konventionellen Mainstream- oder Bebop-Combo.

9.1 Anthony „Tuba Fats" Lacen

Dass der 2003 verstorbene **Anthony „Tuba Fats" Lacen** hier unter den Musikern der Gegenwart behandelt wird, mag verblüffen. Aber er ist der Mann, der durch sein Spiel erst den Boden für die nachfolgenden Musiker in diesem Stilbereich bereitet hat. Kirk Joseph, elf Jahre jünger als der 1950 geborene Lacen, betont, dass dieser „der Erste war, der Figuren des Walking Bass auf dem tiefen Blasinstrument hervorbrachte"[71]. Wie wir gesehen haben, ist diese Behauptung sachlich nicht ganz richtig, verdeutlicht aber, dass Lacen mit seinen Basslinien ein noch nicht dagewesenes Niveau erreicht und die folgende Musikergeneration direkt beeinflusst hat. Offensichtlich sehr sesshaft in New Orleans, verließ er seine Heimatstadt hauptsächlich für Tourneen, wobei er unter anderem in Dänemark mit dortigen Musikern bemerkenswerte Aufnahmen machte. Davon sollen hier zwei Produktionen näher betrachtet werden.

„After You´ve Gone" (1985) mit „Peter Nissen's New Orleans Jazzband" bietet über weite Strecken relaxten und kultiviert gespielten traditionellen Jazz mit einem dezent, doch bestimmt agierenden Lacen in der Rhythmusgruppe, aber nicht nur dort: Bei der Ballade „It Had To Be You" exponiert er mit vollem Sound aber dennoch viel Sensibilität das erste Thema, um dann mit den gleichen Qualitäten zur Begleitarbeit überzugehen. Im Schlussthema wagt er wenig Variationen der Melodie, sondern lässt sie vom Klarinettisten mit sparsamen Obligati umspielen. Wenn man überlegt, wie Ray Draper bei seinen Balladeninterpretationen mit der Ansprache kämpft, ist Lacens Instrumentenbeherrschung und Tongestaltung ein Quantensprung. Bei einigen Titeln ist auch Lacens Frau Linda Young als Sängerin dabei. „Coffee Grinder Blues" (sehr ähnlich wie der berühmte „Empty Bed Blues" von Bessie Smith) zeigt dabei auch Lacens Vertrautheit mit traditionellen Blues-Patterns und seine Fähigkeit, diese auszuschmücken.

Mehr im Mittelpunkt steht Linda Young auf dem ebenfalls in Dänemark aufgenommenen Album „Good Morning To Heaven" (1996) mit Gospel-Repertoire, das hier aus zwei Gründen genannt werden soll: Zum einen ist die Sängerin hier besser disponiert, und zum anderen ist die Stilistik der Band hier deutlich moderner, mehr Swing und Mainstream als Dixieland. Das bedeutet, dass Lacen hier viel mehr Viertel spielt. Zu sagen, dass er auch dieser Aufgabe gewachsen ist, wäre untertrieben: Die ganze Band swingt gewaltig. Bei „Will The Circle Be Unbroken" und „His Eye Is On The Sparrow" hat Lacen auch Solochorusse, die aus rhythmischen und

---

[71] Vgl. https://de.wikipedia.org/wiki/Kirk_Joseph.

melodischen Variationen des Walking-Basses bestehen. Er soliert auch bei „Precious Lord", hier aber mehr im Stil einer Melodieparaphrase.

Was bleibt also von Tuba Fats? Er zeigt eine mustergültige Instrumenten-beherrschung, was Ton und Ansprache anbelangt. Diese ermöglicht ihm eine immens swingende Arbeit in der Rhythmusgruppe. Er greift auch immer wieder aus seiner Begleitfunktion heraus aktiv ins musikalische Geschehen ein. Wenn er in seinen Soli nicht der große Melodienerfinder ist und auf der sicheren Seite der Paraphrase bleibt, hören wir ihm dennoch gerne zu, weil er mit jedem Ton demonstriert, wie schön eine Tuba klingen kann.

9.2 Dave Gannett

1993 veröffentlichte **Dave Gannett** unter seinem Namen und dem Titel „Tubas From Hell" eine liebevoll produzierte und über weite Strecken wirklich unterhaltsame CD. Wie die Liner Notes verraten, ist das Repertoire sehr persönlich ausgewählt. Dabei rutschen auch ein paar Pop- und Latin-Nummern mit hinein, aber es sind die Swing-Titel in kleinerer Besetzung, die am meisten überzeugen: „Keeping Out Mischief Now", „On The Sunny Side Of The Street", „Rocking Chair", „Pennies From Heaven" und „Slow Boat To China". Vor allem bei dem letztgenannten Titel, über weite Strecken einem Duett von Tuba und Posaune, überzeugen die soliden Walking-Basslinien Gannetts. Ansprechend ist auch der im Playbackverfahren aufgenommene Tubasatz in „Deed I Do".

Weitere Beispiele für Gannetts Tubakunst finden sich in einem Genre, das oft als Beleidigung für den seriösen Jazzgeschmack empfunden wird. Es handelt sich um zwei Weihnachtsjazzalben „Chirstmas Cookies" (1992) und „Fresh Batch" (1997), des Trompeters Charlie Bertini. Man muss sagen, dass hier immerhin zwischen den Themen vernünftiger Mainstream-Jazz gespielt wird, wobei der Tubist als spektakulärster Spieler heraus-sticht. „I´ll Be Home For Christmas" (auf „Christmas Cookies") wird in einem halsbrecherischen Tempo gemeistert, wobei der Gannett neben ma-kellosen Basslinien mit kaum merklichen Atempausen auch ausgezeichnete *fours* mit dem Schlagzeuger spielt. Bertini scheint gemerkt zu haben, dass nach zwei Weihnachtsalben das Repertoire erschöpft und die Kundschaft gesättigt ist und hat folglich – ebenfalls mit Dave Gannett – im Jahre 2000 das Album „Out Of Season" mit Jazzstandards für das ganze Jahr eingespielt. Und das ist gut geworden. Neben einigen balladesken Titeln (besonders schön „Skylark") können wir hier eine Samba-Bearbeitung von „It Might As Well Be Spring" und einen umwerfenden „Blues Walk" hören, wo die Basslinien richtig jumpen und Gannetts Solochorusse authentisches Bebop-Feeling vermitteln. Überhaupt machen seine melodischen Einfälle immer wieder deutlich, dass hier ein Spieler am Werk ist, der sich mit der Spielweise verschiedenster Instrumentalisten auseinandergesetzt hat und seinen Stil danach geformt hat.

Gannett hatte 2005 einen schweren Unfall, der seine Spielfähigkeit beeinträchtigte[72], laut einer Internetnotiz von 2018 ist er „semi retired"[73]. 2021 gab er ein einstündiges Interview auf dem YouTube-Kanal „Trad Jazz Today".[74] Seine wenigen Aufnahmen sind als Inspiration, Vorbild und Studienmaterial allen jungen Jazztubist*innen ans Herz zu legen.

9.3 Sam Pilafian

Sam Pilafian, der als klassischer Tubist und Universitätslehrer tätig war, gehört damit strenggenommen zu den Auch-Jazzern, die uns in diesem Buch eigentlich nicht so interessieren sollten. Dass er hier dennoch erwähnt wird, liegt an der Originalität und cleveren Anlage seiner Jazzproduktionen und dem erklärten Anspruch, sich dabei auf allen Titeln als Jazzsolist zu profilieren. Tatsächlich wird er in den *liner notes* zu seinem Album „Travelin' Light" mit folgenden Worten zitiert: „I (...) was, early on, grounded in both the jazz and classical worlds."[75] Weiter erzählt er dort, dass er in den 60er Jahren als junger Mann Gigs mit dem Trompeter Phil Napoleon spielte, einer Dixieland-Legende der ersten Stunde.

Die Besetzung auf „Travelin' Light" ist Tuba, Sologitarre (der renommierte Jazzgitarrist Frank Vignola), Rhythmusgitarre und Klavier, die Musik ist strukturell am ehesten mit dem Gypsy-Jazz vergleichbar. Dass auch

---

[72] Vgl. http://forums.chisham.com/viewtopic.php?t=5227#google_vignette.
[73] https://syncopatedtimes.com/jazz-jottings-december-2018/
[74] https://www.youtube.com/watch?v=la7ngI9QDtw
[75] CD-Booklet „Travelin' Light" S. 2.

„Rhythm Futur" von Django Reinhardt im Programm ist, passt dazu. Für Pilafian bedeutet das, dass er in der Bassfunktion hauptsächlich Halbe zu spielen hat. Da nun aber ein Pianist im Stride-Stil dabei ist, der auch imstande ist, diese Halben zu spielen, hat Pilafian bei Themenvortrag und Soloimprovisationen alle Freiheiten. Man könnte also sagen, dass seine Tuba in der Aufgabenverteilung der traditionellen Gypsy-Jazz-Combo sowohl den Kontrabass als auch die Violine ersetzt. Das Repertoire – durchweg Standards des traditionellen Jazz – bietet keine Überraschungen. Die entstehen dafür durch Pilafians atemberaubende Virtuosität in seinen Soli: Schnelle Läufe, ein exzellentes hohes Register und gelegentliche Growls in der Tongestaltung. Bei dieser Gelegenheit sei angemerkt, dass Gitarrist Vignola sich auf dem Album als ebenbürtiger Partner erweist. Als Balladen spielt Pilafian „Ol' Man River" und „Black And Blue"; ersteres hat eine Ästhetik, mit der eher ein klassisch geschulter Sänger den Song interpretieren würde, letzteres kommt jazziger daher. Leider verfällt der Tubist hier doch immer wieder in virtuose Manierismen, vor allem unnötige extreme Lagenwechsel. Fraglich ist, ob noch viel Neues entstanden wäre, wenn der 2019 verstorbene Sam Pilafian seine Jazzaktivitäten konsequenter verfolgt hätte. Auf alle Fälle haben wir hier Beispiele für originellen kammermusikalischen Traditional Jazz auf hohem Niveau. Und wenn mir hier noch ein persönliches Wort erlaubt sei: Diese Platte diente mir als Inspiration für mein erstes Bandleaderprojekt als Tubist, und ich bin gut damit gefahren.

9.4 Eli Newberger

Dave Gannett dankt **Eli Newberger** im Begleittext zu seiner CD „for scaring me with his own tuba albums"[76]. Es lohnt sich, sich mit diesem Mann, den Gannett als Einfluss und Motivationsquelle benennt, näher zu beschäftigen. Ein Phänomen ist zunächst schon seine offensichtliche Doppelbegabung und Tätigkeit als Kinderarzt, der auf die Folgen von Kindesmisshandlung und -missbrauch spezialisiert ist, und als Musiker. Offensichtlich studierte er zunächst Klavier, Orgel, Komposition und Tuba und wirkte von 1958 bis 1966 als Orchestertubist, schloss dann sein Medizinstudium ab,

---

[76] CD-Booklet „Tubas from Hell".

um ab 1970 nebenher in einer Dixielandband und später auch in kleineren Besetzungen zu spielen.[77]

Schon auf dem ersten Album „The New Black Eagle Jazz Band" (1972), das ansonsten konventionellen und etwas biederen Revival Jazz bietet, hört man einen fast schon übereifrigen Tubisten, der sich mit dem traditionellen Two Beat nicht zufriedengibt und gerne die vier Viertel spielt. Neben 19(!) bei Discogs gelisteten Platten[78] mit dieser Band nahm Newberger 1985 zunächst das Duoalbum „Shake It Down" mit dem Sänger und Banjospieler Jimmy Mazzy auf. Dessen musikalische Vorlieben spiegeln sich in dem sehr blueslastigen Repertoire wider. Da nun Mazzys Banjospiel eigentlich schon zur Gesangsbegleitung ausreichen würde, hat Newberger keine zwingende Bassfunktion, sondern kann recht frei zwischen Basstönen, Gegenmelodien und Überleitungen wechseln. Möglicherweise ist dieser musikalische Dialog beeinflusst durch die Art, in der der Posaunist Charlie Green auf die Gesangszeilen von Bessie Smith antwortete, oder durch die in Kapitel 3.3 besprochenen Bluesaufnahmen mit Bert Cobb und Ransom Knowling. In allen Stücken spielt Newberger überzeugende Solochorusse. Dass es ihm dabei trotz hervorragender Technik nicht um eine schiere Virtuosität wie bei Sam Pilafian geht, sondern um musikalischen Ausdruck, hört man z.B. auf „Jelly Bean Blues", wo er mit der Exposition des etwas melancholischen Themas beginnt und in seinem Solochorus ein überzeugendes Bluesfeeling vermittelt. Eines seiner Kabinettstückchen, eine gleichzeitig auf Klavier und Tuba gespielte Bearbeitung von Gershwins „Prelude Nr.3" kann Newberger sich hier allerdings doch nicht verkneifen.[79] Ein leichtes Manko ist außerdem die teilweise etwas unsichere Intonation, die möglicherweise durch den großen Tonhöhenabstand zum Banjo und dessen naturgemäß schwierige Obertönigkeit bedingt ist.

1999 spielten die beiden dann mit dem Pianisten und gelegentlich auch Klarinettisten Butch Thompson das Trioalbum „The Men They Will

---

[77] Die biographischen Informationen stammen von Newbergers Website: https://www.elinewberger.com/.

[78] Vgl. https://www.discogs.com/artist/1617406-The-New-Black-Eagle-Jazz-Band.

[79] Eine – allerdings weniger perfekte – Konzertaufnahme von 2007 ist auch als Video greifbar, vgl. https://www.youtube.com/watch?v=x7xsx3cfCFo.

Become"[80] ein. Das Repertoire ist deutlich jazziger, und es entsteht hier wirklich mitreißender, kammermusikalischer Traditional Jazz der Extraklasse. „It's A Sin To Tell A Lie" besticht neben dem intensiven Swing durch zweitaktige Wechsel zwischen Solo und Begleitung, wodurch faktisch eine Kollektivimprovisation aller Beteiligten entsteht. Weniger spektakulär, aber gleichwohl erfreulich ist „Ain't Much Good in The Best Men Of Now Days", eine der zu wenigen Nummern, bei denen Thompson Klarinette spielt. Die offene Form des Zusammenspiels erinnert an das, was wir 60 Jahre vorher schon einmal in der Combo von Jabbo Smith[81] bewundern durften. Weitere Höhepunkte des Albums sind die virtuose Ausschmückung des Themas am Anfang von „Doctor Jazz" und „Little Pal", eine Ballade im 3/4-Takt, die das Duoformat des Vorgängeralbums wieder aufgreift, aber doch deutlich urbaner gespielt ist.

Newbergers Spielhaltung wird gut auf den Punkt gebracht im Begleittext zu einem YouTube-Video „Poor Butterfly" des Duos mit Mazzy:

Enter Eli Newberger, as unusual a tuba player as Mazzy is banjoist. Tubas came late to classic jazz and their role was limited to repetitious oompahs. Not Eli. Grounded in piano playing and be-bop, Eli conceived a new, more complex role for the tuba. Its hallmarks: string bass-like lines, the highlighting of unusual chords, and an aggressive playfulness that is akin to an elephant performing on the balance beam.[82]

Bleibt zu seinem Stil hinzuzufügen, dass die Bebop-Einflüsse in der Melodieführung doch geringer sind als bei Dave Gannett und die Walking-Bass-linien mehr stakkato artikuliert sind als bei den anderen Tubisten dieses Kapitels. In puncto Perkussivität und Atemökonomie nicht die schlechteste Entscheidung.

---

[80] Gleichzeitig auch Titel eines entwicklungspsychologischen Fachbuches von Newberger.

[81] Vgl. Kap. 3.3.

[82] YouTube-Begleittext zu „Poor Butterfly", https://www.youtube.com/watch?v=dwjkOVNUiqY

9.5 Todd Burdick (Tuba Skinny)

Wenn man die Verbreitung im Internet, speziell bei YouTube, als Maßstab nimmt, dann ist **Todd Burdick** sicherlich einer der weltweit bekanntesten Tubisten. „Tuba Skinny" ist ursprünglich ein Spitzname, den der schlanke Musiker in Anlehnung an „Tuba Fats" Lacen erhalten hat[83], inzwischen aber Name der ganzen Band. Das sagt viel aus, denn sein Beitrag zur Band ist in großem Maße der eines Teamplayers. Da Repertoire und Spielhaltung stark am frühen New Orleans Jazz orientiert sind, spielt das Kollektiv in dieser Band eine besonders wichtige Rolle. Das gilt für die Bläsergruppe, wo die Kornettistin und musikalische Leiterin Shaye Cohn mehr *ensemble lead* im Stil von King Oliver oder Bix Beiderbecke spielt, aber auch für die Rhythmusgruppe, die mit zwei bis drei Gitarren (bzw. Banjo), Tuba, Waschbrett und der meist von der Sängerin bedienten Basstrommel sehr üppig besetzt ist und so wirklich im Kollektiv ein sicheres rhythmisches Kontinuum liefert. Dadurch ist es schwer, den Beitrag einzelner Musiker zum *groove* zu beurteilen. Auf alle Fälle ist Burdick ein versierter und verlässlicher Spieler, der hauptsächlich im Two Beat agiert und dabei auch immer wieder passende Überleitungen einzubauen versteht. Pops Coffee hat ihn (und auch die ganze Band) in seinem Buch treffend charakterisiert:

Todd, who goes unnoticed by most people while never putting a foot wrong in the „engine room" of the band (…) has an uncanny ability to find the perfect bass line, no matter how complicated the piece.[84]

Die musikalische Qualität der Band ist hoch, aber ihr größtes Verdienst ist es, dass sie durch ihre frische Bühnenpräsenz – wobei in den meisten Videos die Bühnen einfach Straßen und Plätze sind – diesen Musikstil und die dazugehörige Instrumentierung als Musik von heute präsentiert und damit einem weiten und jungen Publikum zugänglich gemacht hat.

---

[83] Vgl. https://en.wikipedia.org/wiki/Tuba_Skinny#Loose_Marbles.
[84] Coffee S. 50.

9.6 Jason Jurzak (Meschiya Lake And The Little Big Horns)

„Meschiya Lake And The Little Big Horns" sind eine Band, die sich ebenso wie Tuba Skinny um 2009 aus einem größeren Musikerkollektiv namens „The Loose Marbles" rekrutierte.[85] Trotz dieses gemeinsamen Hintergrundes lassen sich doch prinzipielle Unterschiede feststellen. Wie der Name schon sagt, steht hier die Sängerin Lake im Mittelpunkt und bestimmt das Repertoire, das deutlich mehr zum Blues, etwa von Bessie Smith oder Ma Rainey tendiert. Wenn die Videos auf YouTube eine statistische Relevanz haben, tritt die Band im Gegensatz zu Tuba Skinny öfter in geschlossenen Clubs und weniger im Freien auf. So ist hier dann auch die ganze Band mit Trompete, Posaune, Gitarre, Klavier, Tuba und normalem Drumset deutlich schlanker instrumentiert. Sousaphonist **Jason Jurzak** brilliert in seiner Begleitfunktion mit all den seltenen Qualitäten, die wir bei Kirk Joseph und Tuba Fats Lacen genannt haben. Sound, Timing und Artikulation sind makellos, sein Beitrag zum Zusammenhalt der Rhythmusgruppe und der Band immens.

Außerhalb des engeren Jazzbereiches ist Jason Jurzak mit der Cellistin und Songwriterin Leyla McCalla und einer New Orleanser Gruppe namens „Bon Bon Vivant" zu hören. Jazzpuristen seien außerdem die vier Titel auf dem Album „In The Valley San Joaquin" des Posaunisten Dave Ruffin ans Herz gelegt, bei denen Jurzak mitspielt. Hier sticht vor allem der Titel „Walking Down In New Orleans" hervor, wo er in der Begleitung souverän zwischen Two Beat und Walking Bass-Passagen wechselt und in der Bridge des Klavierchorusses Gelegenheit zu einem schönen, lyrischen Solo hat. Auf alle Fälle ist Jurzak ein *talent deserving wider recognition*.

---

[85] Vgl. https://en.wikipedia.org/wiki/Tuba_Skinny#Loose_Marbles.

Nach der notwendigen Unterbrechung durch die Traditionalisten wird hier nun in stilgeschichtlicher Hinsicht der Anschluss an das achte Kapitel hergestellt. Es geht nunmehr um die nach 1960 Geborenen, deren Hauptwirkungszeit und stilistische Verortung im neuen Jahrhundert liegt. In diesem Zusammenhang soll auch auf eine speziell französischer Tubaszene eingegangen werden, die sich unter dem Einfluss von Marc Steckar entwickelt hat.

10.1 Theon Cross

Der 1993 geborene Engländer **Theon Cross** ist gegenwärtig der etablierte Newcomer auf seinem Instrument, von den Medien wahrgenommen, von Festivalveranstaltern berücksichtigt, auf Videoplattformen gut vertreten. Wenn es bei der Tuba so etwas wie Traditionen und Entwicklungslinien gibt, dann könnte man sagen, dass Cross von seinem Spielansatz in der Tradition von Bob Stewart steht. Beide fühlen sich primär wohl in der Rolle des Bassisten, wobei dieser Bass dann wirklich knackig und funky klingen darf, beide machten zunächst Furore als Sidemen wichtiger Saxophonisten ihrer Epoche. Was Arthur Blythe für Stewart war, war für Cross der Saxophonist Shabaka Hutchins, Leiter der Gruppe „Sons Of Kemet". Hier ersetzte Cross 2015 auf dem zweiten Album der Gruppe „Lest We Forgot What We Came Here To Do" den ursprünglichen Tubisten **Oren Marshall**, und man kann sagen, dass die Spielweise von Cross zwischen den oft afrikanisch angehauchten, schamanisch wirkenden Rhythmen der beiden Schlagzeuger und dem hymnischen Saxophonspiel des Leaders mehr *in the pocket* wirkt als die seines Vorgängers.

Nach wie vor ist Cross Mitglied der „Sons Of Kemet", aber er ist nun auch endlich wieder ein neuer Tubist, der selbst als Leader aufnimmt und produziert. Das 2019 erschienene Album „Fyah" präsentiert ihn weitestgehend im Trio mit der Saxophonistin Nubya Garcia und dem Schlagzeuger Moses Boyd. Die Instrumentierung weckt natürlich sofort Assoziationen sowohl an die „Sons" als auch an die Gruppen von Arthur Blythe mit Bob Stewart, und in der Tat gibt es strukturelle Gemeinsamkeiten: Die Tuba wird hier primär als Funk-Bass eingesetzt, kompositorisch ist ein Hang zu repetitiven Klangmustern zu erkennen, wobei die Gruppe rhythmisch aus einem noch größeren Fundus schöpft, der auch den Hiphop und die ungeraden Metren des zeitgenössischen Jazz beinhaltet. Hat schon Stewart eine gewisse Vorliebe für elektronische Verfremdungen des Tubasounds gehabt, so ist bei Cross die Elektrifizierung der Tuba fast schon ein Grundprinzip. Vor allem der Octavider wird eingesetzt, was der Gruppe einerseits eine für ein Trio erstaunliche Klangbreite gibt, andererseits Cross' eigentlich schönen Tubasound verfremdet und das Ensemble sehr tiefenlastig klingen lässt. Geschmackssache ist auch die allgemeine Elektrifizierung des Gruppenklanges, wenn plötzlich wie aus heiterem Himmel einzelne Instrumente Hall bekommen oder verdoppelt werden und sich Overdubs einschleichen. Starke Momente des Albums sind das weitgehend „akustisch" gespielte Tubasolo bei „Letting Go" und die stärker melodisch ausgeprägte Komposition „Radiation". „Candance Of Meroe" hat einen konventionelleren Funk-Beat, die Hinzunahme einer Gitarre bereichert das Klangspektrum. Geradezu besänftigend wirkt im Kontrast „CYAH", wahrscheinlich das Stück, das sich einem konservativen Jazzhörer am ehesten erschließt, wo zusätzlich noch Theons Bruder Nathaniel Cross an der Posaune gefeaturt wird. Alles in allem ist „FYAH" ein Album, dass die Chance eines zweiten Anhörens verdient hat. - Dasselbe Trio ist übrigens bereits auf einem Album „Aspirations" (2015) zu hören, das allerdings nie auf einem Label als Tonträger erschien, sondern nur selbstproduziert digital erhältlich ist. Hier sind, abgesehen von der Schlussnummer, die Instrumente akustisch zu hören. Wer also Purist ist oder Stilstudien über Cross' eigentliches Tubaspiel anstellen will, ist hier richtig.

Auf seinem neuen Album „Intra-I" (2021) hat Cross völlig auf die akustische Jazzcombo verzichtet und fast alles mit Tuben und Elektronik selbst eingespielt. Einziger weiterer Instrumentalist ist der Drummer Emre Ramazanoglu, bei manchen Titeln haben Rapper bzw. Sprecher*innen das Wort. Man kann natürlich auch hier wieder die Jazzfrage stellen, kann die Platte aber auch unvoreingenommen anhören und muss dann feststellen, dass Cross hier ein faszinierendes, stimmungsvolles, facettenreiches und doch in sich geschlossenes Opus gelungen ist. Die Schlussnummer „Universal Alignment", ein Tubaduett mit Oren Marshall im Stile der Minimal Music, erinnert an manche der besprochenen Aufnahmen des European Tuba Quartet.

Cross hat auch einzelne Aufnahmen im Single-Format veröffentlicht. „Epistrophy", eine Verfremdung des Monk-Themas, wirkt wie eine Wiederbelebung des „Fake Jazz", mit dem die „Lounge Lizards" in den 80er Jahren die Jazzwelt verstörten. Die elektrische Tuba klingt hier richtig hässlich. „Wings" und „Back To Africa" bieten wiederum tolle Musik, die Herkunft der Instrumentalklänge der oberen Lage ist nicht immer klar zu ermitteln. Wird hier vielleicht die Tuba über MIDI mit dem Sample einer Panflöte verdoppelt?

10.2 Sergio Carolino

Dass der Portugiese **Sergio Carolino** zu diesem Zeitpunkt (Herbst 2024) noch keinen Eintrag in Wikipedia hat, wird seiner Bedeutung keinesfalls gerecht. Klassisch ausgebildet und akademisch hochdekoriert, verfügt er über eine souveräne Technik und große stilistische Bandbreite, die es ihm ermöglicht, sowohl als Solotubist des Symphonieorchesters von Porto als auch im Jazzbereich zu wirken.[86] Seine Diskographie ist eindrucksvoll, wobei logischerweise einige Einspielungen für unser spezielles Thema unerheblich sind, da sie Interpretationen von Stücken portugiesischer Komponisten oder Transkriptionen klassischer Werke beinhalten. Wenn Carolino aber jazzt, dann richtig. Ein schönes Beispiel ist das gleichnamige Debütalbum des Trios „TGB" (Tuba, Guitarra, Bateria) von 2004 mit Mario Delgado an der Gitarre und dem Schlagzeuger Alexandro Frazao. Das ist ein Jazztrio auf der Höhe der Zeit mit teils liedhaften, teils kantigen, von Takt- und Tempowechseln geprägten Kompositionen, bei denen oft auch ein kauziger Humor durchschimmert. Das Trio hat eine große klangliche Vielfalt durch den cleveren Einsatz von Effektgeräten bei der Gitarre, aber auch durch die vielfältigen klanglichen Ausdrucksmöglichkeiten des Tubisten selbst. In seinem Solo bei „Black Dog" benutzt Carolino das Wah-Wah-Pedal, ohne aber insgesamt elektronische Effekte überzustrapazieren. Vieles von dieser Musik basiert stilistisch auch auf dem Fusion Jazz der 70-er, wirkt aber nicht verstaubt, vielleicht weil die Stilmittel der Ära nicht ohne eine gewisse Selbstironie eingesetzt werden. Auf der anderen Seite haben wir aber auch „Só", einen Bolero mit akustischer Gitarre und einem lyrischen Tubachorus in der hohen Lage, bei dem Carolino einen fast

---

[86] Vgl. https://www.kesselblech.com/sergio-carolino.

flügelhornartigen Sound hat. Sein Spiel bei „Pascoal Joins The Dark" hat eine ähnlich lyrische Qualität. Die stilistische Bandbreite des Repertoires zeigt sich ferner bei „Un Poco Loco" von Bud Powell, wo Carolino in der Bridge zeigt, dass er auch den Walking Bass beherrscht. „Lily´s Funk" beginnt in der Intro mit Carolino allein, dessen *multiphonics* dann in einen ebenfalls zweistimmig gespielten Funk-Bass übergehen. In seinem Solo später im Stück macht Carolino dann auch wieder von dieser Technik Gebrauch. Aus den beschriebenen Beispielen dürfte deutlich geworden sein, dass der rundum überzeugende und kurzweilige Gesamteindruck dieser Platte nicht nur von den Spielfertigkeiten der Musiker herrührt, sondern auch von intelligenter Vorüberlegung und Planung, welcher Sound, welche Spieltechnik und welche Effekte in welchem Stück eingesetzt werden.

Die Seelenverwandtschaft zwischen Carolino und dem noch vorzustellenden François Thuillier zeigt sich in der Zusammenarbeit beider mit dem Euphoniumspieler Anthony Caillet im „European Tuba Trio".[87] Eine offensichtlich in kleiner Auflage produzierte und vergriffene CD „Jeudi 26" aus dem Jahr 2008 ist bei Discogs gelistet. Immerhin können drei der Titel auf dem Kanal von Caillet auf SoundCloud angehört werden.[88] Das gemeinsame Stilempfinden des Franzosen und des Portugiesen, die überragende Spielkompetenz aller drei Musiker und der homogene, bald dichte, bald transparente Gruppensound überzeugen. Bemerkenswert sind die sehr perkussiv und funky gespielten Texturen der tiefen Tuben und die schlüssige Stimmenverteilung in den Arrangements.

10.3 Carl Ludwig Hübsch

Carl Ludwig Hübsch wurde im Zusammenhang mit Pinguin Moschner und dem ETQ bereits genannt, und in der Tat ist er – ziemlich genau zehn Jahre jünger – der Musiker, der das Werk von Moschner weiterentwickelt. Die biographischen Parallelen gehen so weit, dass auch Hübsch gleich mit einem Tuba-Soloalbum debütierte. „Der Erste Bericht" von 1995 ist denn auch strukturell ähnlich wie Moschners „Tuba Love Story", aber dann doch wieder etwas anders. Insgesamt setzt Hübsch die Stimme noch mehr ein,

---

[87] https://www.youtube.com/watch?v=kLk9Nwm8Ifg&t=10s
[88] https://soundcloud.com/anthony-caillet/sets/european-tuba-trio

als gesungene oder geschriene Interpolation der Tubapassagen und natürlich auch bei den *multiphonics*. „M1" und „M4" zeigen einen starken rhythmischen Drive, ganz im Sinne des freirhythmisch pulsierenden Free Jazz. Wie Moschner experimentiert auch Hübsch bei „M3" mit dem Saxophonmundstück; dass er dabei auch manchmal „Sax Machine" hineinruft, verdeutlicht den Bezug zu seinem Vorbild. „Ross 780" ist über weite Strecken mehr ein perkussives Stück, bei dem er zunächst auf dem Tubakorpus trommelt, gleichzeitig durch *slap tonguing* eine zusätzliche Rhythmusspur erzeugt und im Laufe des Stückes durch stakkato gespielte Naturtöne die Textur noch weiter verdichtet. „Groombridge" ist balladesk mit schönem Tubaton in konventioneller Spielweise. Faszinierend ist der Didgeridoo-Effekt bei „M6", erzielt durch Zirkularatmung – man beachte die gut hörbaren Schnaufgeräusche – und Hineinsingen, oft von Tonfrequenzen, die ihrerseits wieder Schwebungen verursachen.

Mit diesem Album hat sich Hübsch wohl auf Anhieb in der freien Szene Gehör verschafft und kann bis heute eine stattliche Diskographie als Leader und Sideman vorweisen. Interessant für Jazzhörer und Freunde von Blasinstrumenten ist das Trio „Longrun Development Of The Universe" mit dem Posaunisten Wolter Wierbos und dem Tenorsaxophonisten Matthias Schubert, teilweise auch zum Quartett erweitert durch den Schlagzeuger Gerry Hemingway. Schon die Albumtitel wie „Is This Our Music" oder „The Creators Bend A Master Plan" beziehen sich als Anspielungen auf Ornette Coleman und Pharoah Sanders auf die neuere Jazzgeschichte. Alle drei Bläser verleihen schon durch ihren kraftvollen Sound der freien Musik ein herzhaftes Jazzaroma, das immer wieder durch geräuschhafte Passagen in Frage gestellt wird.

Sehr spröde und mehr im Bereich der Neuen Musik anzusiedeln ist das „Multiple Joy(ce) Orchestra" mit elf bis 20 Mitgliedern, die teilweise auch Streich- und Holzblasinstrumente spielen. Es mag ein spannendes Erlebnis sein, auf einem Festival oder im Konzert der Entstehung solcher Musik live beizuwohnen; es kann aber schwierig werden, dieses Erlebnis beim Anhören der Aufnahmen zu Hause nachzuvollziehen.

Hübsch ist auf zahlreichen YouTube-Videos vertreten, unter anderem im Duo mit der Schlagzeugerin Maria Portugal. Diese bieten auch interessantes Studienmaterial für seine Spieltechniken bzw. die Entstehung seiner Sounds. Eine interessante Spielhaltung, für die sich eine Eb-Tuba englischer Bauart besonders gut eignet, ist, dass er bei auf seinen Knien liegendem Instrument wie ein Waldhornist mit der linken Hand die Ventile bedient und mit der rechten Dämpfer und andere Gegenstände ins Schallstück einführt.

10.4 Jon Sass

Der in Wien lebende Amerikaner **Jon Sass** ist ein Tausendsassa unter den zeitgenössischen Tubisten. Als gefragter Sideman in den unterschiedlichsten musikalischen Kontexten, wie dem Vienna Art Orchestra, in der Zusammenarbeit mit dem Bluesgitarristen Hans Theesink oder der Vokalistin Erika Stucky, hat er seine Vielseitigkeit unter Beweis gestellt. Populär geworden ist auch seine Zusammenarbeit mit der Gruppe „Heavy Tuba & Jon Sass". Stil, Struktur und teilweise auch Repertoire der Band lehnen sich an den Brass Rock der 70er Jahre, etwa Blood, Sweat & Tears oder Chase an, mit dem Unterschied, dass hier der Bläsersatz nur aus Euphonien und Tuben besteht. Bei so viel Fremdarbeit stellt sich natürlich die Frage, wie es dann um Sass' eigene stilistische Vorlieben bzw. seinen eigenen Stil bestellt ist. Die Antwort gab er 2005 mit seinem ersten eigenen Album „Sassified". Es ist im Overdub-Verfahren mit Tuben und Percussion, teilweise erweitert durch Rap, Gesang und Beatboxing, aufgenommen und bietet feine Musik, mal minimalistisch, mal funky. Die genannten Elemente legen nun natürlich einen Vergleich mit Theon Cross nahe. Insgesamt ist die Musik von Sass zugänglicher, rhythmisch gerader, melodisch sangbarer, immer geprägt von seinem wunderbar samtigen Tubaton. Bei manchen Titeln macht sich ein Hang zur Überproduktion breit; zu groß war wohl die Versuchung, im Studio Stimmen hinzuzufügen oder chorisch zu harmonisieren. Da ist der schlanke Sound Von „Look It's Rainbow Tuba", hauptsächlich ein Tubaduett plus Percussion, doch charmanter. Auf alle Fälle ist „Sassified" eine gelungene Produktion voll Schönheit, Groove und Humor.

Gleichfalls anhörbar und interessant ist das Folgealbum „Jon Sass' Souluba Featuring Jonny Sass" von 2017. Hier ist Sass' Sohn Jonny als Sänger mit einer cremigen Soulstimme und gelegentlich als E-Bassist zu hören. Der Stil- und Soundmix wirkt abenteuerlich: Statt Keyboards wird meist ein Akkordeon eingesetzt, die stets sehr schön gespielte Flöte von Eldis

LaRosa Monier ist neben der Tuba eine wichtige Solostimme. Trotz dieser kammermusikalisch anmutenden Instrumentierung ist die Musik sehr soulig und funky, gleitet bei der ersten Nummer „Soul Scudaboot´s Dance" sogar fast ins Disco-Idiom ab. Dies ist ein gut gespieltes Album, das aber außer der Instrumentierung nicht viel wirklich Neues bietet und stilistisch eher dem Sound der 70er Jahre verhaftet ist.

10.5 Die Entwicklung in Frankreich

10.5.1 Die Ensembles von Marc Steckar

Der 2015 verstorbene **Marc Steckar** wird in diesem Kapitel besprochen, weil seine Gruppen Keimzellen für das waren, was sich weiter auf der französischen Tubaszene abgespielt hat. Er begann seine Jazzkarriere 1959 als Posaunist in verschiedenen französischen Bigbands, konzentrierte sich ab 1970 mehr und mehr auf die Tuba, um sich ab 1980 auf das Euphonium zu verlegen.[89] Seine Liebe zur eigentlichen Tuba lebte er dabei mehr als zuvor aus, indem er „Steckar Tubapack" ins Leben rief, zunächst als Quintett mit zwei Euphonien, F-Tuba, Bb-Tuba und Schlagzeug. Das Erstlingsalbum „In A Digital Mood" (1981) ist eine interessante Alternative zu den schon erwähnten Aufnahmen von Howard Johnson´s Gravity mit dem Unterschied, dass hier die Tuba auch als Bassinstrument eingesetzt wird und keine weiteren Harmonieinstrumente vorkommen. Stilistisch bleibt die Musik insgesamt auf der Linie des Bebop und des West Coast Jazz. Lediglich die Soli des jungen Michel Godard weisen mit ihren *multiphonics* bereits in neue musikalische Welten, die dann auf den Folgealben „Suite À Vivre" (1982) und Turbanisation" (1984) weiter erkundet wurden. Nach dem Weggang von Godard – für ihn kam der auch im klassischen Sektor aktive **Phillipe Legris** – wurde das Konzept durch die Hinzunahme von Steckars Sohn Franck am Klavier modifiziert, stilistisch wandte man sich wieder mehr dem Mainstream zu. Neben dieser Combobesetzung gab es zeitweilig auch noch die „Steckar Elephant Tuba Horde", eine Art Bigband mit insgesamt elf Euphonien und Tuben, Keyboards, Bass und Schlagzeug. 1987 erschien die gleichnamige LP, die leider nie

---

[89] Vgl. https://fr.wikipedia.org/wiki/Marc_Steckar; die französische Wikipedia-Seite bietet wesentlich genauere biographische Informationen.

wiederveröffentlicht wurde. Der Sound ist begeisternd, wobei die Tuben hauptsächlich im arrangierten Satz zu hören sind und als Soloinstrumente hauptsächlich Euphonium und Keyboards – wiederum Franck Steckar – vertreten sind. Wahre Schätze sind die drei verfügbaren Livevideos aus dem Jahr 1990, „Steckarlypso"[90] , „Caravan"[91] und „Maria Alu"[92]. Beim ersteren haben auf der Bühne hier auch endlich die tiefen Tubisten, **Daniel Landreat** an der Bb-Tuba, **Didier Havet** am Sousaphon und Philippe Legris an der F-Tuba, Gelegenheit, solistisch zu brillieren. In „Maria Alu" hat Philippe Legris am Anfang ein langes, virtuoses Solofeature mit *multiphonics*, das ihn als würdigen Nachfolger von Michel Godard ausweist. Überhaupt steht dieses Stück mit seinen wilden, freien Ensemblepassagen – man beachte auch das furiose Dirigat von Marc Steckar – und seinem anschließenden Übergang in einen mehr fusionorientierten Sound mit E-Bass und Synthesizer für das modernere Ende des Bandrepertoires. Neben der tollen Musik zeigt die Band vor allem, wie es Marc Steckar mit seiner Begeisterung und seinem Idealismus gelungen ist, in Frankreich einen großen Kader von Tubisten zu rekrutieren, die Jazz spielen oder ihn sogar weiterentwickeln. Die wichtigsten sind Michel Godard und Francois Thuillier.

10.5.2 Michel Godard

Michel Godard ist eine Kategorie für sich. Ursprünglich ein klassisch ausgebildeter Musiker, wurde er durch Aufnahmen von Arthur Blythe und Bob Stewart auf den Jazz aufmerksam, was seine weitere Karriere prägte. Andererseits beschäftigt er sich erfolgreich mit dem Serpent[93] und schlägt damit eine Brücke zur Alten Musik, kooperiert aber auch auf dem Sektor der Weltmusik mit den Oud-Spielern Rabih Abou-Khalil und Ihab Radvan. Seinen Einstand als Jazztubist feierte er 1981 beim oben erwähnten „Steckar Tubapack", wo er von Anfang an für die mehr experimentellen Klänge zuständig war.

---

[90] https://www.youtube.com/watch?v=wLBm4TMTI38

[91] https://www.youtube.com/watch?v=7SSmuJLzuDk

[92] https://www.youtube.com/watch?v=qdKcqC4p_kA

[93] Der thematische Rahmen dieses Buches würde gesprengt, wenn hier auf Godards Serpentspiel weiter eingegangen würde.

Von besonderem Jazzinteresse ist neben Godards schon erwähnter Zusammenarbeit mit Dave Bargeron das Album „Tre Cose", das er mit dem Multiinstrumentalisten Renato Geremia und dem Schlagzeuger Tiziano Tononi als „Multiphonics Tuba Trio" 1997 aufnahm. Noch freier und spannungsgeladener ist „Three Seasons" von 2014 mit dem Pianisten Patrick Bebelaar und Günter „Baby" Sommer am Schlagzeug. Bemerkenswert ist auch das Trio „Dream Weavers" (1997)[94] mit der Sängerin Linda Sharrock und Wolfgang Puschnig an Altsaxophon und Flöte, das gleichzeitig ein Höchstmaß an Dichte und Transparenz vermittelt.

Puristische Jazzhörer mögen mit Michel Godard weniger anfangen können oder ihn gar als esoterischen Sonderling abtun. Auf alle Fälle ist er eine kraftvolle, originelle und kompromisslose Künstlerpersönlichkeit, die stets auf höchstem instrumentaltechnischen und musikalischen Niveau arbeitet und immer wieder für Überraschungen gut ist.

10.5.3 François Thuillier

François Thuillier ist ein Musiker, dessen Tätigkeitsbereich und Stilspektrum zahlreiche Parallelen zu Sergio Carolino aufweist. Auch er hat eine Professur für Tuba, ist in Klassik und Jazz gleichermaßen versiert, auch er hat eine umfassende Diskographie in beiden Segmenten und allen möglichen Mischformen.

Da ist zunächst die Fortführung von Marc Steckars Werk als Tubabandleader zu nennen: 2015, im Todesjahr des Pioniers erschien unter dem Bandnamen „Tuba Horde" bereits eine selbstproduzierte CD „Merci Marc" als Hommage an den Meister. Die CD ist eine schwer greifbare Rarität, umso ergiebiger ist die Präsenz der Band auf YouTube mit verschiedensten Liveauftritten. Wer zunächst eine Neuauflage der alten vierzehnköpfigen Band erwartet, wird zumindest quantitativ enttäuscht sein. Es handelt sich nunmehr um ein Septett mit Schlagzeug, zwei Tuben und vier höheren Hörnern vom Flügelhorn bis zum Euphonium, also eine Art Zwischengröße zwischen den früheren Steckar-Formationen „Tubapack" und „Tuba Horde". Dadurch, dass alle Stimmlagen durch Bügelhörner mit ähnlichen akustischen Eigenschaften besetzt sind, ergibt sich einerseits ein

---

[94] Eine Konzertaufzeichnung aus dem Jahre 2004 findet sich unter
https://www.youtube.com/watch?v=BAySppmLTxU.

wundervoll homogener Sound, der aber andererseits ganz ohne scharfe Kanten ist und manchmal mehr an Blasmusik als an Jazz erinnert. Ein empfehlenswertes Hörbeispiel ist „Rouleaux De Printemps"[95] , ein Originaltitel von der alten „Tuba Horde"-LP mit dem Komponisten Franck Steckar als Gast am Klavier. Dessen Solo schafft Abwechslung und Belebung, außerdem klingen hier die Althörner etwas brillanter und schärfer als bei anderen Aufnahmen und Thuillier selbst unterlegt das Pianosolo mit einem wunderbaren Funkbass. Auch wenn die Band musikalisch nicht viel Neues bringt, ist sie, wie die vielen Videos zeigen, ein beliebter Act auf vielen Festivals und vor allem eine großartige Verbeugung vor dem Lebenswerk Marc Steckars, das hier würdig fortlebt. Letzteres gilt in besonderem Maße auch für die großorchestrale Variante, die Thuillier unter dem Namen „Méga Tuba Orchestra" in Form von studentischen Projekten weitergeführt hat. Aufnahmen davon wurden bereits 2007 auf einer nicht greifbaren CD veröffentlicht[96], und auch das verfügbare Videomaterial ist weniger ergiebig.

Wer Thuillier im Kontext einer reinen Jazzcombo hören will, ist mit dem Trio „Lpt.3" gut beraten, das 2007 und 2017 zwei CDs veröffentlicht hat. Auf der zweiten davon, „Vents Divers", sind neben dem Posaunisten Christophe Lavergne und dem Drummer Jean-Louis Pommier bei der Hälfte der Stücke als Gäste der Trompeter Michael Marre und Louis Sclavis an der Klarinette zu hören. Hier ist alles da, was eine gute Jazzplatte ausmacht: Ausgezeichnete Soli aller Instrumente, kurzweilige Kompositionen und ein starker rhythmischer Puls, zu dem Thuilliers perkussive Spielweise in hohem Maße beiträgt.

In jüngster Zeit besonders bemerkenswert ist Thuilliers Mitwirkung im „Sébastien Texier & Christophe Marguet 4tet", zu dem außer ihm und den beiden Namensgebern noch der ausgezeichnete Gitarrist Manu Codja gehört. 2017 erschien „For Travellers Only". Der pulsierende Rhythmus und die teilweise kammermusikalisch anmutenden, kontrapunktisch angehauchten Kompositionen und Improvisationen ergänzen sich in reizvoller Weise. „We Celebrate Freedom Fighters" von 2021 ist ein Konzeptalbum, das musikalische Hommagen an politische Aktivist*innen verschiedenster

---

[95] https://www.youtube.com/watch?v=Kw92_AW0-PU
[96] https://www.culturejazz.fr/spip.php?article2033

Länder und Epochen, etwa Sitting Bull, Rosa Parks oder Gisel Halimi, enthält. Trotz des revolutionären Anspruches ist die Musik etwas konventioneller als die des Debutalbums. Statt der mehr filigranen Rhythmen gibt es nun mehr Funk, 6/8 und balladeske Melodien, der Gesamtsound wirkt elektrischer. Thuilliers Ton ist dunkel und weich, in seinen soliden Bassfiguren nutzt er aber auch immer wieder die Gelegenheit, seine Technik in Sechzehntelornamenten auszuspielen, was insgesamt den Klang der Rhythmusgruppe verdichtet.

10.6 … to be continued…

Auch wenn die Zahl der Veröffentlichungen bei der Frage nach der Wichtigkeit von Musikern eine gewisse Objektivität gewährleistet: Irgendwie sind die bis jetzt in diesem Kapitel genannten Künstler eine nur exemplarische Auswahl, neben der ich doch zumindest kurz noch eine Reihe von interessanten Zeitgenoss*innen aufzählen möchte, die mir bei meinen Recherchen aufgefallen sind.

Da ist zunächst **Janos Mazura** zu nennen, ein überaus versierter und swingender Spieler mit einem bemerkenswerten stilistischen Spektrum, der vor allem auch eine tiefe Liebe zum traditionellen Jazz und ländlichen Blues hat. Darüber hinaus spielt er ohne ausschließliche Bindung an das Jazzidiom in der Gruppe „European Tuba Power" von **Andreas Martin Hofmeir**. **Joe Murphy** hat auf seinem mehr fusionorientierten Album „Mr. Tuba" sein virtuoses Tubaspiel leider in einer recht sterilen Hochglanzproduktion im Stile der frühen 80er Jahre verpackt. **Mattis Cederberg** ist hauptberuflich Bassposaunist in der WDR-Bigband, wo er aber auch gelegentlich prachtvolle Soli auf Tuba und Cimbasso spielt. **Jesse Dulman** ist unter anderem an einigen hörenswerten Aufnahmen des Saxophonisten Maurice McIntyre beteiligt. **Matt Perrine** und **Jose Davila** sind durch die „Pocket Brass Band" von Ray Anderson bekannt geworden. In Deutschland aktiv ist außerdem der gebürtige Schwede **Jörgen Welander**, der nebenher auch Spieler und Hersteller von E-Bässen ist, was seine Affinität zum Funk erklärt. **Jutta Keeß,** in unserem Genre bekanntgeworden als Mitglied der Münchner „Jazzrausch Bigband", hat es als erste

Frau in die Liste „Kategorie: Jazz-Tubist"[97] auf Wikipedia geschafft, gefolgt von der Belgierin **Berlinde Deman**, die nach dem Vorbild von Michel Godard den Serpent als Zweitinstrument entdeckt hat, gerne solo mit Elektronik experimentiert, aber im „Trio BaarBuisDeman" auch zeitgenössischen Kammerjazz der Extraklasse spielt.[98]

---

[97] https://de.wikipedia.org/wiki/Kategorie:Jazz-Tubist
[98] https://www.youtube.com/watch?v=9CKL9jb6_e8

11 Praktische Tipps

Nach dem jazzgeschichtlichen Überblick wendet sich dieses Kapitel nun an alle, die Lust bekommen haben, ihr Instrumentarium um eine Tuba zu erweitern. Wer ein Tubastudium absolviert hat, mag das meiste schon wissen; Umsteiger*innen, etwa von der Posaune oder vom Bass, können aber vielleicht doch von den Erfahrungen profitieren, die ich im Laufe der Jahre als Tubist in den verschiedensten Jazzensembles gesammelt habe.

11.1 Das geeignete Instrument

11.1.1 Größe

Dass tiefe Instrumente größer sind als kleine, ist zunächst einmal ein Naturgesetz. Damit fallen bei der Anschaffung einer Tuba mehr als bei anderen Instrumenten zusätzliche Überlegungen an, wie z.b. Größe des Wohnraums, Transport zum Übungsraum und zum Gig, vor allem aber auch das Handling beim Spielen. Es kann immer das Dilemma auftreten, dass man ein Instrument, in dessen Klang und Spielbarkeit man sich verliebt hat, hinterher wegen seines Gewichts verflucht. Auf dem Markt spiegelt sich dieses Dilemma so wider, dass es Tuben aller Stimmungen in allen Größen gibt. Dabei sind Größenbezeichnungen wie 1/2, 3/4, 5/4 mit Vorsicht zu genießen, da sie im Ermessen des Herstellers liegen und so eine Vergleichbarkeit verschiedener Fabrikate nicht gewährleistet ist. Grundsätzlich müssen natürlich z.B. alle Bb-Tuben dieselbe Rohrlänge und damit schwingende Luftsäule aufweisen. Das heißt, bei einem Instrument mit kompakteren Außenabmessungen muss die Luft häufiger um die Kurve geleitet werden, was sich – vor allem bei billigeren Fabrikaten – auf Klang und Intonation nachteilig auswirken kann. Außerdem gibt es mehr Stellen, wo sich störendes Kondenswasser bilden kann. Die allerkleinste Form, die in letzter Zeit häufiger angebotene sogenannte Tornistertuba, ist allenfalls als Zweitinstrument sinnvoll. Denkbar wäre ein Einsatz bei Duo- und Trio-gigs in sehr kleinen Clubs oder Galerien. Sobald der Raum größer ist oder ein Schlagzeuger mitspielt, setzen sich solche Instrumente im Ensemble nicht durch bzw. erfordern viel Kraft zum Spielen. Das andere Extrem wäre die Kaisertuba mit großer Bohrung und einem Schallstück bis 50 cm. Diese

Instrumente brauchen bauartbedingt, wenn man über das durchaus auch mögliche piano hinausgehen will, viel Luft, und der Ton benötigt beim Einschwingen Zeit zur Entfaltung, was einer differenzierten Jazzphrasierung im Wege steht. Wenn man also davon ausgeht, dass eine enge Mensur eine jazzmäßige Artikulation ermöglicht und ein großes Schallstück die Abstrahlung der tieferen Partialtöne begünstigt, also einen dunkleren Sound schafft, lautet die Formel: Enge Mensur (bei der Bb-Tuba bis 19 mm) plus großes Schallstück (bei der Bb-Tuba ab 420 mm). Die Bauart der meisten Sousaphone folgt auch dieser Regel. Problem kann sein, dass die ganz tiefen Töne wegen der engen Bohrung nicht so gut ansprechen. Für F- und Eb-Tuben möchte ich nicht so rigide Regeln aufstellen, da hier eine wesentlich geringere Luftmenge in Schwingung versetzt werden muss und auch ein weiter mensuriertes Instrument noch gut reagiert.

11.1.2 Material

Wie gesagt, ist die Tuba also nicht nur ein großes, sondern auch ein schweres Instrument. Das hat einige Firmen dazu bewogen, das ursprüngliche Blechinstrument auch aus Kunststoff herzustellen. Augenblicklich wird der Markt überschwemmt von relativ preisgünstigen Bb-Tuben aus Plastik in voller Größe, aber mit viel geringerem Gewicht. Diese Instrumente sind spielbar, stoßen bei fortgeschritteneren Spielern aber schnell an ihre Grenzen. Auch die Verarbeitungsqualität macht nicht den besten Eindruck, zumal bis auf das Ventilinnere wirklich auch alle beweglichen Teile aus Kunststoff bestehen. Eine andere Liga sind die Instrumente, die bis 2005 von einer deutschen Firma produziert werden. Ihre Bauweise entspricht der der meisten heute angebotenen Sousaphone[99]. Bei ihnen besteht der Korpus aus Fiberglas, also einem härteren Material, der ganze Maschinenteil ist der einer konventionellen Messingtuba. Offensichtlich wissen die Besitzer solcher Instrumente, was sie daran haben, denn auf dem Gebrauchtmarkt sind so gut wie keine davon zu finden. Aktuell hat eine Firma aus Mainz den Prototyp einer Tuba ähnlicher Konstruktion mit einem Korpus aus hochwertigem Carbon vorgestellt, die professionellen Ansprüchen genügen soll. Bleibt zu hoffen, dass solche Instrumente bald zu erschwinglichen Preisen auf den Markt kommen.

---

[99] Mehr dazu unter 1.1.5.

11.1.3 Stimmung

Grundsätzlich unterscheidet man die Basstuben in F oder Eb von den Kontrabasstuben in Bb (in Katalogen auch BBb geschrieben) oder (seltener) C. Prinzipiell sagt die Stimmung des Instruments – im Gegensatz etwa zu den Saxophonen und Hörnern – nichts über die Notation aus. Tuben werden wie Posaunen klingend im Bassschlüssel notiert. Soll heißen, dass man für die Bb- und die F-Tuba dieselben Noten vorgelegt bekommt, aber andere Griffe braucht! Aber nun zum Charakter der einzelnen Instrumente: Die Basstuben in F und Eb haben auf den ersten Blick nur Vorteile. Sie sind leicht und kompakt, können auf dem Fahrrad mitgenommen werden. Man kann mit relativ wenig Luft schöne Töne produzieren, bzw. die Luft reicht auch für längere Melodiebögen oder Bassfiguren. Womit wir beim ersten Problem wären: Diese Tuben sind vom Umfang her mehr Bass- als Kontrabassinstrumente, verhalten sich also zur Bb-Tuba etwa so wie das Cello zum Kontrabass. Zusätzliche Ventile ermöglichen zwar alle Töne unterhalb des H1, bei vielen Instrumenten wird aber der Ton schon vom großen F abwärts wacklig, überdies erfordern die tieferen Töne spezielle Hilfsgriffe. Man muss schon etwas Geld in die Hand nehmen, um ein Instrument zu finden, das in der ganzen unteren Lage gut klingt. Zumindest die fünfventilige (4+1) F-Tuba eines japanischen Herstellers lässt nach meinen Erfahrungen wenig Wünsche offen, und es ist anzunehmen, dass ähnlich gebaute Instrumente anderer Fabrikate ebenfalls zufriedenstellen. Was ist nun mit der Eb-Tuba? Grundsätzlich hat sie die gleichen Eigenschaften. Wenn man nun aber bedenkt, dass die Standardthemen des Jazz sich in Tonarten zwischen G-Dur und Db-Dur bewegen und manche Dominantenketten bei den Kreuztonarten noch weiter ausholen, ergeben sich auf der Eb-Tuba zwangsläufig kompliziertere Griffverbindungen, die sich vor allem bei dreiventiligen Instrumenten auch auf die Intonation auswirken.

Basstuben sind also besonders gut geeignet für kleinere Ensembles, eher mit Gitarre oder Banjo als Harmonieinstrument. Und wer Ambitionen hat, Melodiechorusse zu improvisieren, wird sich mit diesen Instrumenten schneller Gehör und Respekt verschaffen. Um aber in der Bassfunktion vollgriffig agierende Pianist*innen oder in einer Marching Band Posaune und Baritonsaxophon zu untertunneln, ist die Kontrabasstuba besser.

Hier ist die Bb-Tuba wesentlich verbreiteter als die C-Tuba. Es sind meist klassische Orchestertuben, die in der C-Stimmung gebaut werden, und wer einmal mit einer solchen begonnen hat, hat nur eine geringe Auswahl, wenn er versuchen sollte, sich ein anderes Instrument in der gleichen Stimmung zu besorgen. Richten wir also unseren Fokus auf die Bb-Tuba. Der große Vorteil ist hier, dass es auf dem Gebrauchtmarkt wirklich günstige und brauchbare Einsteigermodelle gibt; und auch die Fortgeschrittenen werden in dieser Stimmung die größte Auswahl haben, wenn sie wissen, welche speziellen Wünsche sie an das Instrument haben.

Nachdem wir nun festgestellt haben, dass sowohl die Bass- wie auch die Kontrabasstuba ihre spezifischen Vorzüge haben, stellt sich nun die Gretchenfrage: Kann man zwischen Instrumenten verschiedener Stimmung wechseln? Ansatz und Mundstückgröße werden hierbei kein Problem darstellen, das Lesen klingender Notation schon eher. Ich selbst habe mir angewöhnt, dass ich wirklich ausnotierte Passagen nur auf der F-Tuba spiele und auf den anderen Instrumenten ohnehin nur Basslinien nach Akkordsymbolen, die ich entsprechend transponiere. Wahrscheinlich ist das Umdenken eine Frage der Intelligenz, aber solange gute Musik dabei herauskommt, sollte sich niemand für seine diesbezüglichen Marotten und Spezialmethoden schämen.

11.1.4 Art und Zahl der Ventile

Wie alle Blechblasinstrumente mit Ausnahme der Posaune werden auch Tuben mit Perinet- oder Drehventilen hergestellt. Bei den Trompeten ist es branchenüblich, die Instrumente mit Perinetventilen als „Jazztrompeten" anzubieten; spezielle „Jazztuben" findet man aber in keinem Katalog, und man trifft bei der Tuba häufiger die Bauweise mit Drehventilen an. Welche Vor- und Nachteile bieten nun die beiden Ventilarten? Perinetventile lassen vom Querschnitt mehr Luft durch, was einen geringeren klanglichen Unterschied zwischen Natur- und Ventiltönen, auch wenn mehrere Ventile gegriffen werden, bewirkt. Nach meiner Erfahrung kommen Tuben mit Perinetventilen insgesamt einer jazzigen Spielweise entgegen. Drehventile sind mit geringeren Fingerbewegungen zu bedienen, was vor allem in Verbindung mit einem guten Spiralfederdruckwerk eine größere Geläufigkeit ermöglicht. Natürlich spielt dabei aber auch die individuelle Verarbeitungsqualität des jeweiligen Instruments eine entscheidende Rolle.

Ebenso wie die Art der Ventile ist auch deren Zahl eine Frage, die diskutiert werden muss. Eine Binsenweisheit besagt, dass ein Instrument mit vier Ventilen automatisch besser intoniert als eines mit dreien. Tatsächlich aber ist die Grundvoraussetzung für eine saubere Intonation die Naturtonreinheit des Instrumentes. Das heißt, auf einer qualitativ hochwertigen dreiventiligen Bb-Tuba kann man, wenn man keine Ambitionen hat, tiefer als ein Kontrabass zu spielen, durchaus einige Jahre üben und Fortschritte machen. Ein derartiges Instrument kann mit Glück für einen erträglichen dreistelligen Preis auf dem Gebrauchtmarkt erworben werden. Das bedeutet aber auch, dass vom Neukauf einer dreiventiligen Tuba wegen des schwierigeren Wiederverkaufs abzuraten ist. F- und Eb-Tuben sollten aus den oben schon genannten Gründen grundsätzlich mit mindestens vier Ventilen ausgestattet sein.

Eine feine Sache ist die sogenannte Kompensation, die vor allem bei besseren Bb- und Eb-Tuben englischer Bauart anzutreffen ist. Hier wird, wenn das vierte (manchmal auch das dritte) Ventil gedrückt wird, die Luft bei den anderen Ventilen durch geringfügig längere Stimmzüge geführt, wodurch Intonationsmängel behoben und Hilfsgriffe in der tiefen Lage überflüssig werden. Von der Bauform handelt es sich hier um Instrumente, die nach dem Muster der Saxhörner mit nach rechts weisendem Schallstück und oben liegenden Perinetventilen gebaut sind. Kompensierte dreiventilige Bb-Tuben werden heute nicht mehr produziert. Auf dem Gebrauchtmarkt sind sie aber hochinteressante Schnäppchen, zumal inzwischen ein österreichischer Hersteller ein Gurtsystem anbietet, das das Handling dieser ziemlich schweren Instrumente wesentlich erleichtert.

11.1.5 Spezielle Bauformen: Sousaphon, Helikon, Frontbell

Nach dem oben über das Verhältnis von Mensur und Schallstück Gesagten ist klar, dass die meisten erhältlichen Sousaphone der vertrauenswürdigen Fabrikate für den Jazz prädestiniert sind, vor allem, wenn man das Instrument in der Bassfunktion einsetzen möchte. Sie bestechen durch leichte Ansprache und einen vollen, dunklen Klang. Die Abstrahlung nach vorne und zur Seite macht das Instrument gerade bei Freilufteinsätzen für Bandmitglieder und Publikum gleichermaßen gut hörbar. Allerdings kann man vor allem von den dreiventiligen Instrumenten nicht die ganz perfekte Intonation erwarten. Wer also anspruchsvollere Studioambitionen hat, sollte auch noch als Zweit- oder Erstinstrument eine normale Tuba mit mehr

Ventilen besitzen, zumal auch der Platzbedarf geringer ist. Außerdem sind Sousaphone für den Einsatz im Stehen oder Gehen gedacht. Eine Sitzhaltung, bei der sich das Gewicht gleichmäßig auf Oberschenkel und Nacken verteilt, ist schwer zu finden, und damit ist das kopflastige Instrument nur schwer auszubalancieren. Eine oft gestellte Frage ist bei den Sousaphonen die nach dem Material. Puristen schwören auf die Messingbauweise, was ich nur bedingt bestätigen möchte. In einer reinen Blechbesetzung mag sich der Klang eines Metallsousaphones harmonischer einfügen. Wer andererseits in einer moderneren Formation oder gemischten Instrumentierung den Einschwingvorgang einer gezupften Saite nachempfinden möchte oder sich am Klang eines Orgelbasses orientiert, ist mit einem Kunststoffinstrument gut bedient. Im Gegensatz zu den erwähnten Plastiktuben handelt es sich hier um seriös verarbeitete Instrumente, bei denen der gesamte Maschinenteil aus Metall gefertigt ist und dann in den Fiberglaskorpus übergeht. Man sollte auch immer an die Musikergesundheit denken und daran, dass Rückenschmerzen ohnehin schon eine Volkskrankheit sind. In diesem Zusammenhang muss auch berücksichtigt werden, dass der Transport nie ganz unproblematisch ist. Die meist mitgelieferten Rollkoffer sind wahre Ungetüme, die erhältlichen Gigbags nur wenig kompakter. Das heißt, die Gewichtsersparnis, die man beim Kunststoffsousaphon hat, erleichtert auch unterwegs einiges. Ich habe schon Korpus und Schallstück des zerlegten Sousaphons einfach übereinandergelegt und mit Gaffa zusammengeklebt und ohne Koffer in öffentlichen Verkehrsmitteln transportiert. Mit einem Blechinstrument würde ich so etwas nie machen.

Das Helikon ist der Vorläufer des Sousaphons und unterscheidet sich von diesem durch das gerade, nicht abnehmbare Schallstück. Normalerweise sind diese Instrumente mit Drehventilen ausgestattet und werden hauptsächlich in der Volksmusik eingesetzt. Neuerdings wartet eine englische Firma mit einem neu konstruierten Helikon mit Pumpventilen und abnehmbaren Schallstück auf, in dessen Entwicklung auch ihre Erfahrungen im Sousaphonbau eingeflossen sind.

Gelegentlich findet man in Kleinanzeigen und Katalogen unter der Bezeichnung Bellfront oder Frontbell auch Tuben mit großem, nach vorne gerichtetem Schallstück. Viele unserer Helden, etwa Bill Barber oder Don Butterfield, sind auf Fotos mit solchen Instrumenten zu sehen. Sie klingen prachtvoll, sind mindestens so schwer wie Blechsousaphone und damit praktisch nur im Sitzen zu spielen. Korpus und Schallstück werden in zwei getrennten Koffern verpackt, über die Erhältlichkeit von Gigbags ist mir nichts bekannt. Wer es sich leisten kann, hat passend dazu seinen eigenen Jazzclub, Biergarten oder zumindest ein kleines Heimstudio...

11.1.6 Mundstück

Das Mundstück ist das Bindeglied zwischen dem menschlichen Körper und dem Instrument. Daher ist es schwer, hier allgemeine Empfehlungen auszusprechen. Grundsätzlich wird man, wenn man seine Tuba in der Bassfunktion, womöglich auch noch unter freiem Himmel spielt, ein größeres Mundstück auswählen, bei mehr solistischen und melodischen Einsätzen, die vielleicht auch in die höhere Lage gehen, ein kleineres. Neben Ansprache und Klang sollte bei der Auswahl vor allem das individuelle körperliche Wohlbefinden eine Rolle spielen. Wer sich mit seinem Mundstück wohlfühlt, wird auch bereit sein, mehr zu üben, und damit im Laufe der Zeit einen schönen Ton entwickeln.

11.2 Schwerpunkte beim individuellen Üben

11.2.1 Timing

Wie schon weiter oben in 11.1.2 angedeutet, verursacht die lange Luftsäule eine längere Reaktionszeit als eine gezupfte Saite. Das heißt in der Praxis, dass es nicht genügt, einfach die Zunge mit dem taktschlagenden Fuß oder dem Metronom zu synchronisieren, vielmehr muss der Tubaton bereits vor dem Beat gedacht und artikuliert werden. Schon das Wissen um diesen Sachverhalt kann manche Probleme aus dem Weg schaffen, durch systematisches und bewusstes Üben stellt sich schnell eine Automatisierung ein. Andernfalls wird sich im schlimmsten Fall der Drummer an die Verzögerung des Tubatons anpassen, wodurch schnell die ganze Band im Tempo schleppt. Schuldzuweisungen und Streitigkeiten in der Gruppe sind die Folge.

11.2.2 Artikulation

Jazz ist seinem Wesen nach eine Musik, die zu Zieltönen hinführt, und der Zielton einer Walking-Basslinie ist immer die Zählzeit eins des nächsten

Taktes, wo ein neuer Akkord kommt. Das bedeutet, dass möglichst erst nach der Eins geatmet werden soll, damit der rhythmische Fluss nicht durch die Atempause unterbrochen wird. Eine nur kurz angespielte Eins, die genau *in time* kommt, ist viel besser als eine voll ausgespielte, die wegen der vorausgehenden Atmung auch nur minimal verzögert ist. Überhaupt sollte eine knackige, perkussive Artikulation einen Schwerpunkt schon bei den Einblasübungen bilden. Die Vorstellung einer gezupften Seite kann dabei hilfreich sein. Zur Übung spielen wir in geringer Grundlautstärke Viertel non legato und stoßen die Töne kräftig an, um dann wieder sofort ins piano zurückzukehren. Diese Spielweise ist auch überaus luftökonomisch. In traditionelleren Stilformen können Halbe und Viertel auch einfach stakkato gespielt werden. Bei sauberem Timing ist auch eine mehr fließende Artikulation wie bei einem Orgelbass möglich, was passend sein kann, wenn der Drummer die Viertel auf der Basstrommel mitspielt, wie weiter unten noch auszuführen ist. Wer im Bereich modernerer, binärer Rhythmen aktiv werden will, sollte sich nicht scheuen, Pop-, Rock-, Latin- und Disco-Figuren herauszuhören, oder sich eine E-Bass-Schule zu besorgen. Dieses Übungsprogramm macht Spaß und trainiert das Gefühl für Artikulation und Groove ungemein.

11.2.3 Mentale Programmierung, Atmung

Die Verantwortung, die der Bassist für den Swing und Groove der ganzen Band hat, ist ohnehin schon ein Stressfaktor, der beim geblasenen Bass noch erhöht wird, weil die Funktion des Instruments noch viel direkter von der körperlichen Befindlichkeit, vor allem Atmung, Speichelfluss, Schweiß, abhängt. Der größte Feind ist natürlich die Angst, dass die Puste ausgeht. Vor diesem Hintergrund sind die oben genannten Übungen sehr wertvoll für ein Grundgefühl von Sicherheit und Souveränität. Ausdauersport und Meditation können eine sinnvolle Ergänzung sein, weil man diese Einstellung dann auch auf die Übepraxis am Instrument übertragen kann, indem man zu Aufnahmen oder Play-Alongs über eine längere Zeit Basslinien spielt, bis sich ein Automatismus einstellt. Wenn dieser einmal erreicht ist, kann man sich nur noch auf die Töne konzentrieren und vergessen, dass man überhaupt Luft zum Spielen braucht.

11.2.4 Erweiterte Spieltechniken

Der Free Jazz der 60er Jahre und die Neue Musik haben die Regeln, wie Instrumente zu handhaben sind, gründlich in Frage gestellt. Natürlich steht es jedem frei, auf dem Instrument Klänge zu erzeugen, die in dieser Form noch nie erzeugt worden sind. Andererseits muss überlegt werden, ob ein eher ungebräuchliches Instrument wie die Tuba nicht schon besonders genug ist und deswegen zunächst einmal gut konventionell gespielt werden sollte. Grundsätzlich aber möchte ich zu klanglichen Experimenten aller Art ermuntern, weil sie zu einer vertieften Kenntnis des Instruments führen und die Palette der musikalischen Ausdrucksmöglichkeiten erweitern. Zu den Techniken, die die Beherrschung des Instrumentes an sich verbessern und unseren Übungsalltag bereichern, gehören vor allem das Hineinsingen (*multiphonics*) und die Zirkularatmung.

Das Hineinsingen wurde vor allem durch den Posaunisten Albert Mangelsdorff und die Flötisten Roland Kirk und Ian Anderson zu einer Standardtechnik. Ein interessantes Hörbeispiel auf der Tuba ist „Sometimes I Feel Like A Motherless Child" von Bob Stewart.[100] Uns kommt entgegen, dass bei der Tuba – mehr noch als bei der Posaune – Luftmenge und Luftgeschwindigkeit sehr ähnlich sind wie beim Singen, zumindest wenn wir nicht zu laut spielen. Wir können als erste Übung einen Ton der unteren Mittellage im piano aushalten und versuchsweise die Oktave, die Undezime oder die Duodezime ins Instrument hineinsingen. Die andere Möglichkeit besteht darin, beim Melodiespiel den gespielten Ton unisono mitzusingen. Durch die Interferenzen, die sich naturgemäß aus den Intonationsabweichungen ergeben, entsteht ein Effekt, der physikalisch mit dem Chorus oder Flanger der Gitarristen vergleichbar ist. Für die Improvisationspraxis hat diese Technik den erfreulichen Nebeneffekt, dass wir nur Phrasen spielen, die wir auch singen können und so immer zu einer klaren musikalischen Aussage gelangen. Überhaupt ist das Hineinsingen für Ansatz, Atmung und Gehör eine gute Übung, auch wenn wir aktuell gerade keinen Anlass haben, es auf der Bühne zu praktizieren.

Zirkularatmung dagegen ist prinzipiell leichter bei Instrumenten, die wenig Luft, aber viel Druck benötigen und wurde daher zunächst auf der Oboe populär. Sie ist auf der Tuba möglich, ihre Beherrschung ist prinzipiell ein

---

[100] Vgl. dazu die Besprechung im Kapitel 8.

weiteres Ass im Ärmel. Auch hier sollten wir die Übung im piano in einer Tonlage beginnen, die nicht zu viel Ansatz erfordert. Hauptproblem ist nämlich, dass sich beim Aufblasen der Backen der Ansatz verändert und dadurch der Ton abschmiert. Töneaushalten mit Zirkularatmung kann auch eine gute Einblasübung sein, die uns zum Beginn des Übens auch mental ruhigstellt.

Der *elephant's roar* ist mehr ein Effekt als eine Spieltechnik. Man beginnt mit einem möglichst hohen Ventil- oder Naturton und lässt dann die Naturtonreihe als Glissando bis zu dem Zielton abwärts gleiten, mit dem man weiterspielen möchte. Wer will, kann währenddessen auch noch mit einem der Ventile trillern. Dieser Effekt eignet sich gut, um die Tuba in einem kurzen Break zur Geltung zu bringen.

False fingering, wie es von Trompetern, etwa Lee Morgan, bekannt ist, ist auch auf der Tuba möglich. Es geht hierbei darum, quasi auf ein und demselben Ton zu trillern, der mit zwei verschiedenen Griffen gespielt wird. Diese Technik erfordert aber viel Übung und Kontrolle, da der Ton bei der Ventilbewegung doch leicht ganz abreißt. Ebenso ist es, vor allem auf der Tuba mit Perinet-Ventilen möglich, durch nur teilweise hinuntergedrückte Ventile den Ton zu verschmieren oder absterben zu lassen.

Für die Tuba sind Dämpfer aller gängigen Typen erhältlich, sie sind teuer, sperrig und schwer und erschweren damit auch das Handling des Instruments. Meist sind sie so gebaut, dass sie die tieferen Partialtöne dämpfen und die höheren hervorheben, so dass ein hellerer Klang entsteht. Aber das ist es ja normalerweise gerade nicht, wofür wir Tuba spielen! Für einen leisen, dunklen und weichen Sound hat sich in meiner Spielpraxis ein leichter Strohhut mit passendem Durchmesser bewährt, der mit drei Wäscheklammern am Schallstück befestigt wird.

11.3 Tipps für das Spielen in einer Band

11.3.1 In der Bassfunktion

Zur Vermeidung der in 11.2.3 genannten Stressfaktoren kann es hilfreich sein, sich in der Band ein bisschen Hilfe für die rhythmische Konstanz einzuholen. Diese kann in der Swing-Stilistik eine konventionell im Stile des *strumming* gespielte Rhythmusgitarre sehr gut leisten; der rhythmische Fluss der Viertel bleibt erhalten, auch wenn ja einmal ein Basston der Tuba fehlen sollte. Schon erwähnt wurde die Möglichkeit, dass die Basstrommel die Viertel leise durchschlägt, was dem Tubaton auch noch einen zusätzlichen perkussiven „Kick" geben kann. Bei den binären Rhythmusstilen ist der Einsatz der Tuba meist unproblematischer. Hier ist vor allem auf eine perkussive, knackige Artikulation und sinnvoll gesetzte rhythmische Akzente zu achten.

Ein oft unterschätztes Problem ist, dass bei der Tuba mit jedem Ton ein großes, weitgehend stehendes Luftvolumen in Schwingung versetzt werden muss. Wenn die Luft in der Tuba aber bereits durch andere laute Schallquellen, wie z.b. das Drumset, bereits schwingt, können die Ansprache und damit der Sound und die Exaktheit des Timings beeinträchtigt werden. Andererseits soll natürlich der Schlagzeuger den Bass gut hören können. Der Aufstellung im Probenraum und auf der Bühne sollte daher besondere Beachtung und Sorgfalt gewidmet werden. Grundsätzlich ist zu sagen, dass in der Tuba-Band eine transparente Rhythmusgruppe, in der nicht jeder zwanzig Prozent zu viel spielt, noch wichtiger ist als in der Normalinstrumentierung.

11.3.2 Als improvisierender Solist

Wer in einer festen Band Tuba spielt, sollte sich auf alle Fälle ein Mitspracherecht darüber ausbedingen, in welchem Kontext seine Soli stehen. Auch wenn die Tuba im Volksmund als lautes Instrument gilt, braucht sie für die Jazzimprovisation ein aufgeräumtes Umfeld. Dicke Klaviervoicings in der Haupttonlage und Basslinien, die viele chromatische Durchgangstöne enthalten, verschmiert intoniert sind oder in die höheren Lagen wandern, sind die Hauptfeinde, im Falle einer Bigband auch ein Leader, der denkt, hinter dem Tubasolo müssten auch die Backings gespielt werden, die in der Partitur stehen. Wir müssen dann beim Solieren auch gleich in die höheren Lagen ausweichen und können uns dann vielleicht gerade noch in einem Umfang von einer guten Oktave bewegen. Ideal wäre es also, wenn z.B. das Schlagzeug mit Besen gespielt wird, die Basslinie sich auf Grundtöne und Quinten beschränkt, die Klavierakkorde in der Diskantlage gedrückt werden. Oder der Bass setzt völlig aus und das Tubasolo erscheint dann wie ein weiteres Basssolo, warum denn nicht? Wenn die Tuba in der Band schon die Bassfunktion hat, ist dies ohnehin der

Normalfall. In älteren Stilformen kann eine dezent gespielte 4/4-Rhythmusgitarre den nötigen Rückhalt geben. Eine gute Möglichkeit wäre es auch, für das Tubasolo einen Chorus mit Stop-Beats einzuplanen. Anregungen für die Einbindung von Tubasoli in den Kontext eines Combo-Arrangements bieten zum Beispiel die im Kapitel über Don Butterfield erwähnten Aufnahmen.

In der eigenen Band, aber auch bei der Teilnahme an Jam Sessions wird man schnell merken, dass vieles, was man sich beim häuslichen Üben antrainiert hat, einfach nicht funktionieren will. Das heißt, es gilt vor allem, Panik zu vermeiden, und das geht am besten, wenn wir nicht gleich mit Sechzehntelläufen in der hohen Lage beginnen oder die *upper structures* der Akkorde bedienen, sondern uns ganz ruhig auf die Changes einhören und z.B. in der Mittellage mit der Terz eines Akkordes beginnen und ruhig, aber rhythmisch interessant improvisieren.[101] Wenn wir uns dann nach dem ersten halben Chorus sicher fühlen, können wir uns allmählich freier durch die Changes bewegen und ein steigernd aufgebautes Solo spielen, wenn nicht, haben wir immerhin einen Chorus gespielt, der eine sinnvolle musikalische Aussage vermittelt und weder uns noch das Instrument blamiert.

11.3.3 Mikrophonierung - eine Weltanschauungsfrage?

Musik zu machen, die ohne Strom auskommt, ist in Zeiten des Klimaschutzes ein politisches Statement. Das sollten auch Veranstalter ökologisch orientierter Demos, Kundgebungen und Festivals verstehen und vermehrt Brassbands oder Dixieland-Combos engagieren.

Andererseits: Wir wollen uns, wenn wir in einer Funk-Band von elektrischen Instrumenten und intensivem Schlagzeug umgeben sind oder in der Bigband ein Solo spielen, weder totpusten noch gezwungen sein, in einem Lautstärkebereich zu spielen, wo die Tonschönheit leidet. Oder die Bühnensituation ist so, dass die ganze Band über die PA läuft. Man sieht in Konzerten und Videos die verschiedensten Varianten: Musiker vor Mikrophonstativen, Mikrophon im Schallstück des Instrumentes, Mikrophon am Schallstück... Aus eigener Erfahrung kann ich von folgender Konstruktion

---

[101] Hierfür wären beispielsweise die Soloeinstiege von Ray Draper (siehe dort) vorbildhaft.

berichten, die ich als Satzbläser (Bassposaunenstimme) und gelegentlicher Solist in einer Bigband verwendet habe: Ich hatte ein handelsübliches Clipmikrophon am Schallstückrand und das zugehörige Stromversorgungsteil mit Lautstärkeregler in einem Lederetui am Korpus so befestigt, dass ich mit dem linken Daumen die Lautstärke regulieren konnte. Das heißt, normalerweise spielte ich wie die Posaunisten und anderen Bläser im Satz unverstärkt, zum Solo konnte ich mich aber durch behutsames Aufdrehen lauter machen.

Literaturverzeichnis

Aufgelistet werden hier nur die Veröffentlichungen in Buchform; Internetquellen sind direkt in den Fußnoten angegeben.

Alkyer, Frank (hrsg.): Down Beat – 60 Years of Jazz. Hal Leonard, Miwaukee 1995

Bohländer, Carlo u.a.: Reclams Jazzführer, 3. Auflage. Reclam, Stuttgart 1989

Coffee, Pops: Tuba Skinny and Shaye Cohn. 2022 (keine weiteren bibliographischen Daten)

Crow, Bill: Jazz Anecdotes. Oxford University Press, New York 2005

Dietrich, Kurt: Jazz ´Bones. Advance Music, Rottenburg 2005

Meyer, Jürgen: Akustik und musikalische Aufführungspraxis. 6., erweiterte Auflage. Edition Bochinsky, Bergkirchen 2015

Phillips, Harvey: Mr. Tuba. Indiana University Press, Bloomington 2012

Shapiro, Nat und Hentoff, Nat: Jazz erzählt. Dt. von Werner Burkhardt, JAS Publikationen, Frankfurt am Main 1984

Schuller, Gunther: Early Jazz: Its Roots and Musical Development. Oxford University Press, New York 1986

Schuller, Gunther: The Swing Era: The Development of Jazz 1930-1945. Oxford University Press 1989

Namensregister

Carter, John 33f.
Carter, Ron 45
Cederberg, Mattis **90**
Cinderella, Joe 35
Chancey, Vincent 55
Chew, Ray 51
Clark, Joseph „Red" **22**
Clayton, Doctor 7, 16
Cobb, Bert **15**, 19, 76
Codja, Manu 89
Coffee, Pops 78
Cohen, Avishai (Bass) 58
Cohn, Shaye 78
Cole, Jule 24
Coleman, George 42
Coleman, Ornette 55, 57, 84
Colette, Buddy 31f., 35
Collins, Booker 25
Coltrane, John 29, 40f.
Crawford, Hank 47
Crawley, Wilton 14
Crichlow, Chanell **61**
Criss, Sonny 33, 43, 48
Cross, Nathanael 81
Cross, Theon 65, 69, **80-82**, 85
Daley, Joe 49, 54, **56f.**
Davila, Jose   **90**
Davis, Blind John 16
Davis, Miles 28, 43f., 47, 52
DeBrest, Spanky 39
Delgado, Mario 82
Deman, Berlinde **91**
Dennard, Kenwood 59
DeParis, Wilbur 18
DeRose, Vince 31
Dixon, Ben 39
Dixon, Bill 47
Dodds, Baby 13, 22
Dodds Johnny 71
Dolphy, Eric 34
Dorham, Kenny 35, 39
Douglas, Bill 31
Draper, Ray 8, 33, **37-44**, 46, 48, 50, 54, 72
Dr. John (Mac Rebenack) 68